定年臨終

人生後半の生き方

田中真澄
MASUMI TANAKA

ぱるす出版

はじめに

出版業界の老舗で創業１００年の歴史を持つ誠文堂新光社の元社長・川崎嘉信氏のお墓を10年前、散歩の途中で見つけました（氏は２００５年（平成17）年９月８日に逝去、享年84歳）。

その時、墓誌に書かれていた次の一文が目にとまりました（氏は終戦時、陸軍大尉で近衛師団長の副官でした）。

「無勲下位なるも尊皇の誠士　此処に眠る
生涯現役・臨終定年の天の声を神前にて悟り、終生を数限りなく世の為人の為に盡す」

この墓誌を読み、私も川崎氏のように「臨終定年」の状態で終末期を迎えたいと思いました。それからちょうど10年後の今、私も川崎氏が亡くなった時の年齢に近くなりました。そこで「臨終定年」を前提とする私の人生を次のように考えることにしているのです。

私は日本経済新聞社を中途退社してこの春で満39年になり、目下40年目の独立人生を歩んでいます。その間、㈲ヒューマンスキル研究所所長・社会教育家の肩書で、講演と執筆を業とする事業主として生きてきました。講演でも執筆でも「人生１００年時代の到来に対応し終身現役の人生をどう生きるか」という課題に対する提言を数多くしてきました。

そうしてきた手前もあり、高校・大学・日経時代の仲間たちが60歳の定年で現役を終えていく中で、私だけは「死ぬまで働く」と言いながら、70歳の古希の時も80歳の傘寿の時も現役を引退しようとは一度も考えませんでした。今もその考えは変わりませんし、できれば終身現役の見本になれるようでありたいと考えています。

ところが今年の正月を過ぎた頃から、日々の生活の中で高齢による身体上の弱体化を今まで以上に感じるようになってきました。脚力や集中力の衰えはもちろんですが、動作全般が緩慢になり、昔は難なくできたことが、今ではできなくなることが増えています。「あぁ、これが歳をとることか」と思うことがしばしばです。

こういうことが重なると、「人生１００年・終身現役」と言い続けてきた私ですが、実際には人様に迷惑をかけないで現役を続けられるのは、そう長くはないのかもしれないと考えるようになりました。

世間には90歳過ぎても現役を続けている人もいますが、それは特殊な事例であり、私の高校・大学・日経時代の数多くの同期生の中で現役を貫いている人は、知っている限りでは私ともう1人ぐらいですから、私が85歳前後で現役に終止符を打ったとしても、それは終身現役の当然の姿として周りから容認してもらえるはずです。

ところで、私の講演はモチベーショナルスピーチという範疇《はんちゅう》のもので、聴講者にやる気を起こしてもらうための情熱的な言動を伴う講演です（よく熱誠講演と言われます）。

この講演は全身を使って一瞬たりとも気を抜かず、舞台狭しと動き回り、全身のエネルギーを使って行うことから、講演者にとってはかなりの重労働になります。したがって、多くの講師はこうしたやり方はしません。特に高齢になると体力的に無理というものです。

しかし私の場合は、最初から日本初のモチベーショナルスピーカーを目指して独立したこともあり、この講演のスタイルを止めるわけにはいきませんし、それができなくなったら、それこそ現役を退くことだと思っています。

そこで、これまでのような活動をしていくには、講演も執筆も体力と相談しながらマイペースで行うことを前提にすることにしました。

この方針転換を決めたことで、人生１００年の長期戦と、突然、臨終の事態になっても対応できるという、二面作戦の人生計画を展開していけると考えるようになったのです。

さてそうなると、今年この本を書いた後、場合によっては突然臨終を迎えることも可能性としてはあり得るわけです。それを視野に入れて、「ひょっとしたらこれが最後の本になるかもしれない」との思いを抱きながら、執筆に取り掛かることにしました。

そこでこの本では、これまでの私の講演と執筆の中で大切なこととして繰り返し強調してきたことを中心に、今のうちに皆様に伝えておきたいことをまとめて書くことにし、臨終定年をめざす私の体験的な生き方論として上梓することにしました。

また、今回は、この本が最後の著作となるかもしれないと考えて、できるだけこれまでの私の独立を支えてきた心構え磨きの私自身の体験談を述べることにしました。したがって学問的にはふさわしくない記述もあるかも知れませんが、その辺は読者の皆様が取捨選択してお読みいただくことを願っております。

今回の執筆も、私の独立をご支援くださっている全国の皆様のご存在があってこそできたことです。それだけに田中真澄のファンの方々に心から感謝申し上げたいと存じます。また、このたびも、ぱるす出版社のスタッフの皆様には何かとお世話になりました。そのことに対し、併せて感謝申し上げます。

２０１８年７月吉日

田中　真澄

◎『臨終定年』目次

序章

▼人生100年時代に必要な二面作戦

今年（2018年）の3月で私は82歳になりました。登山に例えて人生100年を頂上と考えた場合、私は8合目に達したことになります。8合目まで登れば視界がかなり開けるように、80歳を超えると人生がそれなりに見えてくるものです。

特に次の2つのことがはっきりしてきます。

1つは、定年後の生き方についてです。

私のような戦前に生まれの日本人は、何となく人生は80年前後で終わるという前提で生きてきたこともあって、60歳で定年になった後の10年か15年は余生を楽しむという生き方を当然としてきました。

ところが、安倍内閣が提唱する「人生100年時代構想」の考え方も手伝って、このところ急にマスコミが「人生100年」を唱えるようになり、定年後もできるだけ働こうという考え方が次第に広まりつつあります。

そのこともあって公共職業安定所（ハローワーク）の斡旋による65歳以上の高齢者の就職が、ここにきて急速に増え続けています。この傾向は労働力不足が恒常的になりつつあることから、今後ますます高まるでしょう。

こうした社会情勢からも、定年後も働くことが当たり前の時代になりつつあります。

アメリカのジェロントロジー（＝老年学・加齢学）を学んできた私は、40年前に独立してから今日までずっと「人生100年を前提に終身現役の人生を歩もう」と提言してきました。今まさにそういう時代になりつつあります。かつては私の提言をよく冷笑する人がいましたが、今はそんな人は誰もいません。時代は大きく変わりました。

2つは、80歳過ぎると高齢者の身体能力が急速に衰えることです。

人生100年時代とは言うものの、今の日本の平均寿命が男80・98歳、女87・14歳（平成28年・厚労省調査）が示すように、日本人の男性は目下のところ80歳代で亡くなる人が大半です。

したがって80歳を過ぎると年々体が弱っていくと予め予測しておき、その事態に対応した人生計画を立てておく必要があるということになります。

私は若い時代から散歩を日課にしてきました。80歳過ぎた今も毎日歩いていますが、このところ脚力が次第に衰えてきていることを感じます。

かつては3時間歩いても何ら疲れを感じませんでしたが、昨今はその半分の1時間半も歩くと足がだるくなり、足の筋肉が疲労してきます。

私は講演を行う時は与えられた時間を全身全霊で行いますが、最近は終了後に疲れがどっと出るようになりました。執筆もそうです。6時間も執筆に従事すると集中力が持続できなくなるのです。これは私の場合の話ですが、同年齢の人に訊くと、大体同じようなものだと言います。

この私の事例からも分かるように、一般的には80歳過ぎると心身ともに能力が低下していき、人によってはある日突然に臨終を迎えることになるのだと思います。そこで80歳以上の高齢者は、人生100年の人生計画の下で生きながらも、同時にいつ臨終の日がやってきてもいいように、自分の終末期の備えは日頃からしておくという二面作戦が必要です。

▼良き人生は良き習慣

私は常々「人生は習慣で決まる」と言ってきました。その時にアメリカの成功哲学を追求してきた作家オグマンディーノ（1923～1996）の言葉「私の従う第一の法則は、良い習慣を身につけ、その奴隷になること」を紹介しながら、「私たちも良き習慣の奴隷になりましょう」と提言し続けてきました。

加えて私がいつも提言してきたことは、心を作る行動と考え方の習慣を磨いて、良き心構え（心的態度・人間性）を形成していこうということです。

心構えは人間の人生を決める最大の能力であり、この能力が他の知識能力や技術能力を牽引する機関車の役割を担っているとも強調してきました。

どんなに優れた知識や技術を身につけていても、心構えが良くなければ、その人の人生は長い間にうまくいかなくなるものです。しかも心構えは毎日磨き直さねばならない能力です。そこが知識や技術と大きく違うところです。ですから良き習慣を継続して磨くことができるかどうかで、本当の人生の良し悪しが決まることになるのです。

そのことを私は「心構えは毎日ゼロから繰り返し磨き直さなければならない能力です。だからこそ毎日良き習慣を持続することが大切です」と言い続けてきました。しかし、今日のような平和な時代になると、多くの人は良き習慣を持続し、心を磨き続けることを敬遠し、むしろそれを軽視する方向に流れがちです。

まさしく日本人は今そういう傾向に押し流されつつあります。心を磨くための学問である哲学・倫理学・道徳学、そして昔の修身が、年々人々の間で尊ばれなくなっていることがそのことを示しています。

その結果、家庭でも学校でも職場でも、良好な人間関係を保てない人が増えており、それが離婚の激増、登校拒否や学級崩壊、職場での上司と部下の絆の弱体化など、すべて心の問題が原因となる事件が続発する社会を生み出しています。

これらの現象が続いていけば、社会生活を営む上で欠かせない家庭内・学校内・組織内・

国家内の秩序が保てなくなり、日本が国として劣化していくことにつながっていきます。連日報道されている不祥事の事件がそのことを物語っています。

そのほとんどが心構えの崩壊からきていることを考えると、ここで私たちはもう一度、心構えを磨く習慣を身につけ直すことを、本気で実行していかねばなりません。そうしない限り、将来の日本に希望はないと思います。

▼70歳代は働き盛り

さて、あと2年後の２０２０年に東京オリンピックを迎えますが、その10年後の２０３０年はどんな時代になるのでしょうか。そのことに関して、日本経済新聞２０１８年５月１日付の社説『２０３０年に挑む』は次のように展望しています。

「２０３０年は日本にとってどんな年か。国立社会保障・人口問題研究所の将来推計人口は次のような姿を描き出す。

総人口は１億１９１３万人。15年より８００万人少ない。高齢化の本質は75歳以上の後期高齢者の激増である。約７００万人増えて２２８８万人になる。全都道府県で人口減を記録するのも30年だ。超高齢国家の出現である。

人口構造の変化は経済成長、国の財政・社会保障制度をはじめ、地方自治体運営、道路・

橋や上下水道などの維持補修問題を含め、広範に影響がおよぶ。自治体の消滅が現実となれば、選挙制度の再構築も課題になろう。

財政・社会保障についてはっきりしているのは、すべての世代が歳出改革と税負担という痛みを分かち合わなければ、制度が破綻するという冷厳な事実だ。座して待つわけにはいかない。（中略）

社会保障のもうひとつの課題は年金だ。急ぎ手を着けるべきは、支給開始年齢を65歳より遅らせる改革である。欧米主要国はひと足早く67～68歳への引き上げを決めた。より長命な日本人は70歳開始に向けて真摯に取り組むべきだ。

それとセットで欠かせないのが労働市場の改革だ。雇用の流動性を高め、高齢期にも柔軟な働き方を選べる仕組みが年金改革を助ける。意欲ある高齢者が働き続け、社会保障財源の出し手にととまれば支給開始年齢も上げやすい」

この社説が触れていることは、これからの高齢者は国家の財政上からも、自分の人生を充実させるためにも、定年後も働き続けるという生き方が求められるということです。

実際、年金支給が70歳からとなれば、多くの高齢者は働かざるを得なくなります。定年後はのんびり余生を送るという生き方は過去のものとなりつつあります。またそうなることのほうが、国だけでなく高齢者自身にとってもいいことだと思います。

私の経験からも、70歳代は元気で働ける時代であると言えます。AI技術の発展で高齢者の体力に応じた職場環境が整ってきています。重労働に従事しなければならない作業は激減しています。

問題は、働く意欲です。70歳過ぎても積極的に働く意欲を持ち続けることさえできれば、周りはそれを助ける仕組みを提供してくれるのが現在の労働環境になっています。

そのことは、若年層の労働力が減少していることからくる当然の現象であり、そうなるであろうことは以前からも分かっていたことです。

ですから私も、これからは死ぬまで働く時代が来ることを繰り返し訴えてきたのです。40年前、私が「人生100年時代」「終身現役」を唱えた時、多くの人はまさかそんな時代が来るとは考えられないと感じたと思います。そのためか、私の話は長い間にわたって、変わった話だと受け止められてきました。

ところが今日では、誰もが「人生100年時代」を口にするようになり、今では現在60歳以下の人たちは、本気で定年後どう働くかを考え始めています。ですから2030年頃になると、70歳代まで働くのが常識となり、年金も70歳からの支給になることが現実化するかも知れません。

イギリスもドイツもフランスも、年金は2030年から70歳前後からの支給と決められたのはかなり前です。日本は平均寿命ではそうした国よりもはるかに上をいくのですから、日本が70歳支給を決めても決しておかしくありませんし、むしろ遅すぎるくらいです。

安倍内閣が人生１００年時代構想準備室を設けてからというもの、先を考える人々の間で１００歳人生への対応を準備する人が増えており、マスコミもそのための情報提供を心がけています。

時代は大きく変わりました。この変化を乗り越えていくためには、これまでの考え方を根本的に変える必要があるのです。

第1章

死ぬまで働き続けることが人間本来の生き方

第1節　40年前から「終身現役」を唱えてきた理由

▼40年前と変わらない日本の現実

アメリカと比べて、日本が大きく遅れをとっていることの一つに、老年学（ジェロントロジー）の研究とその成果の普及があります。

人間の加齢と高齢者の生き方を研究する老年学が、アメリカでは35年前から盛んです。アメリカにはすでに500の大学で老年学が講義されており、老年学を専攻する学部が31あります。その結果、いろいろな関係機関で老年学を学んだ人々が数多く活躍し、老年学の研究成果を世に広めています。

一方、日本の大学には、老年学を学ぶ学部・学科どころか、教科書すらありません。それだけに一般の私たち日本人は、老後の人生に対する最新の研究成果を知ることができず、老年学の専門家の指導も受けることができずにいます。したがって日本の多くの人は未だに古い老後観のまま、自分の老後を考えています。

最近の老年学は、高齢者とは英知を備えた貴重な社会的資源（社会的に役立つ人材）とみなし、高齢者も社会貢献をしながら、生き甲斐のある人生を送るべきであり、そういう日々を歩むことが高齢者の成功（サクセスフル・エイジング）である、という新しい概念を提唱するようになっています。

つまり、老後は趣味を生き甲斐にするのではなく、仕事を生き甲斐にしようという考え方が、老年学の基本になってきているということです。

しかし日本では、この新しい概念で自分の老後の人生を設計している人は、まだまだ少数です。ほとんどの高齢者やその予備軍である定年退職者は、社会的な貢献をするために、老後、自分はどのような仕事をなすべきかという、仕事に対する積極的な準備も認識もなく、ただ年金と退職金を当てにする社会保障制度依存の姿勢に終始しています。

かつてアメリカのスタンフォード大学が90歳を過ぎた高齢者に「自分の人生で何が悔やまれますか」という調査をしたところ、その回答の上位３項目は次の通りでした。

①もっとリスクを負えばよかった。

②もっと何かを学べばよかった。

③子供を育てる以外にももっと何かをすればよかった。

このアメリカの高齢者が抱く後悔の念は、これからの日本の高齢者にもそのまま当てはまると思います。なぜならば、日本の高齢者もだんだん後半の人生においても生き甲斐を求めるようになってきているからです。

その生き甲斐とは何かについて、哲人はそれぞれの著作に書き残していますが、最も多い答えは、「生涯を貫く自分の仕事を持つ」ということです。

自分の得手とする仕事（天職）に生涯従事できれば、結果的に、その行為は世のためになるわけですから、自分にとってはもちろんのこと、社会的にも素晴らしいことです。

定年後、自分の仕事を持つことなく社会的に存在意義の乏しい生活を長く続けていると、次第に活力をなくしていきます。やはり人間はどんなに年を重ねても、自分が打ち込める仕事を持ち、社会的な責任を全うしてこそ、最も生き甲斐のある日々を享受できるというものです。このことは、あらゆる時代に当てはまる、不変の真理です。

今から18年前の２０００年（平成12）年9月、拙著『人生一〇〇年をいきいき生きる』（致知出版社）の「まえがき」で以上のようなことを書きました。

大阪在住の教育コンサルタントの方が、当時この一文をお読みになり「この本は全国の図書館に一冊ずつ備えるべき中高年必読の書です」との便りを私にくださいました。

残念ながら「人生１００年時代」の言葉が流行語のようになっている18年後の今、日本が置かれている状況は変わっていないのです。

▼『日経ビジネス』の創刊に従事

1969（昭和44）年、日本経済新聞社が米国マグロウヒル社と共同出資し、日経マグロウヒル社（現日経BP社）を創立した時、その創業に携わったのは、日経の各部署から選ばれた30余名の出向組のメンバーでした。その一員であった私は、販売担当の仕事に就くや、米国マグロウヒル社の雑誌部門から届けられた数多くの経営・販促関係資料と格闘する日々が待っていました。

当時の米国マグロウヒル社発行の雑誌は30余誌で、どれも各分野の専門情報誌でしたが、私たちが最初の仕事としたのは、当時、同社が発行していた米国最大の経済誌『Business Week』と提携して、『日経ビジネス』を発刊することでした。

『Business Week』は世界70数か国のビジネスリーダーの間で購読され、当時の日本でも有力企業のトップたちがエアメールで取り寄せて読んでいました。同誌の先見性に富む内容は識者の間で高い評価を受けていたからです。

さっそく私もニューヨークから毎週届けられる同誌を読み始めました。私の場合、ニューヨークの米国マグロウヒル社の販売部門と、毎週、テレックスを使って英文で連絡する仕事も担当していましたので、『Business Week』を読んでおく必要があったのです。

仕事で英語を使う頻度が増え、自然に英語に親しみが湧いてきたこともあって、『日経ビジネス』が発刊されて時間的余裕が持てるようになってからは、夜間の英会話学校に通いスピーキングの力を磨きました。そのおかげで米国本社からスタッフが来日してわが国の出版関係者を歴訪する際には､その案内役を買って出ることもできるようになりました。

▼老年学との出会いが独立の背中を押す

さらに昭和51年（1976）年、私が40歳の時、親孝行を兼ねて、当時75歳であった父を連れて、アメリカ西海岸巡りのツアーに参加しました。父は老人会の世話役をしていたことから、アメリカの老人社会に興味を持っていたこともあり、1日だけツアー一行と離れて、ロスアンゼルス郊外のオールドマンタウン〔老人の町〕や有料老人ホームの見学に父を案内しました。

その時に接した施設の幹部から「センテナリアン（centenarian・100歳人）」の言葉や「ジェロントロジー（gerontology・老年学）」の学問について説明を受けました。そこで早速、帰りに大型書店に立ち寄り、説明を受けた関連の図書を数冊買い求めました。

この父とのアメリカ旅行がきっかけとなり、私は人より早くジェロントロジーの存在とその成果に触れることができたのです。

ジェロントロジーでは高齢者のＱＯＬ（Quality of Life）向上の視点から研究が進められています。その結果、高齢者を「英知を備えた貴重な社会的資源（社会に役立つ人材）」として捉える解釈がなされるようになったのです。

このジェロントロジーが唱える新しい高齢者像に強く魅かれた私は、日頃からいつかは事業主として生きようと志していたことから、まず社会教育家として独立すべきであると考え、思い切って日経を中途退社することを決意したのです。

この時の強い念（おもい）が、今日、プロとして生きる私の原点となっています。そしてこの決意が私の後半の人生を変えてくれ、事業主として終身現役で生きる人生を私にもたらしてくれたのです。

第２節　顧客創造と顧客へのフォローアップ

▼健康が最大の資本

独立独歩で生きるには健康でなければなりません。サラリーマンと違って何かの事業で身を立てる人は生活の保障がないことから、常に働き続ける必要があります。その必要条件を満たすにはとにかく健康であることです。

私が40年間独立を維持できているのは、その間、病気で休むことなく健康であり続けているからです。

そして気づいたのは、長寿者のトップスリーは「1位僧侶、2位事業主、3位政治家」だそうですが、この3者とも顧客の支持があってこそ成り立つ職業であることです。

僧侶は檀家という顧客、事業主は仕事を支えてくれる顧客、政治家は選挙民という顧客をそれぞれ持っています。この顧客を増やし、維持する必要性が健康であり続ける動機づけになっているのです。

なぜならば、顧客の側から見ると、自分が支持する人が常に健康で活躍してくれることを期待しているからです。その顧客の期待に応えられなければ、たちまち支持者は減り、独立自営を支える基盤が喪失する危機に見舞われることになります。

その危機感があるからこそ、事業主はサラリーマンよりも健康であることに真剣ですし、健康への配慮もより敏感なのです。

講演業の世界で長く生きてきた私は、様々な講師に出会ってきました。たとえば、大学教授で各地の講演会で人気のある人がいました。その人は大の酒好きで、つまりはアルコール依存症（かつては「アルコール中毒症」（アルチュー）と言った）だったのです。ですから講演が終わると主催者の人たちと酒盛りをするのが常でした。

人気講師になれば、主催者もそれなりの接待をすることから、その人は講演のたびに接待を強要するまでになっていったようです。アルコール依存症も病気の一種ですから、主催者側の間でそのことが知れ渡るようになり、いつの間にかその人への講演依頼が激減していったのです（講師に関する口コミの速さには、いつも驚かされています）。

そのように世間から嫌われたことも原因したのでしょうか、その人はまもなく亡くなりました。私はこのケースを知り、どんなに人気があっても、正常な健康体、そして、まともな人付き合いを維持していかなければ、講演業は続けられないと改めて悟ったのです。

もうひとりの人気講師は体力に自信があり、依頼された講演は何でも引き受けていました。１日に２回・３回は当たり前で、それこそ日々全国を忙しく飛び回っていました。私から見るとあまりにも過密なスケジュールで大丈夫なのかと思いましたが、本人はむしろそれを自慢にしていました。

しかし、そんな無茶なことをいつまでも続けられるほど、人間の体は頑丈ではありません。やはりその人も最後は心臓病で倒れ、そのまま帰らぬ人になりました。健康を過信し、オーバーペースで仕事を続けることの怖さを、このケースは示しています。

講演業の世界から消えていった人の多くは、このように健康問題が原因です。そのことを重々承知している私は、どんな場合でも健康を害するような計画立案や人付き合いは絶対にしないことを第一義にしています。

ところが一方で、講演業の仕事は逆に依頼がなくなると、これまた不安になるものです。テレビで名を売り、講演でも引っ張りだこであった某大学の教授が、定年になってテレビ出演から降された結果、次第に講演依頼も減っていき、「俺は不安でたまらないよ」と言っていました。その精神的な不安感が寿命を縮めたのでしょうか、間もなく亡くなりました。その人はテレビで世に知られたことが、すなわち顧客に支持されているのだと勘違いしたようです。テレビを通じての顧客はあくまで虚像の顧客でしかありませんが、事業の経験がないと、そのことが理解できないのです。

▼顧客リストが事業の基盤

独立して行う仕事は具体的な顧客の支持があってこそできるものです。その顧客も一括して捉えるのではなく、一人ひとりの顧客を個として捉えておく必要があります。

ピーター・ドラッカー（1909~2005）が著作『現代経営』の中で「事業の目的は顧客の創造である」と世に訴えたことはよく知られていますが、この「顧客の創造」の「顧客」は英語の原文では「a customer」と単数で示されています。「customers」と複数形にはなっていません。

私はこの発想を米国マグロウヒル社の経営方針の書類を通して知りました。そこには読者個々の名簿（リスト）を重視すること、マグロウヒル社はその名簿のお蔭で成り立っているという考え方が示されており、「We live on the lists」（われわれは顧客リストの上で生きている）という言葉を掲げていました。

私が『日経ビジネス』『日経エレクトロニクス』『日経アーキテクチャー』の読者を募る際に、この思想の下に読者管理のシステムを構築しました。そのことが幸いして、読者の学歴・専門領域・勤務先・自宅の情報をつぶさに知ることができ、読者分析を行う上で詳細なデータを入手することが可能になりました。

そうした分析は当時の雑誌業界では異例のことであり、日経マグロウヒル社の独自性・先見性を発揮する有力な武器となりました。

10年間にわたる同社の顧客創造のマーケティングで成功した経験は、独立後の私の事業展開にも大いに役立ち、個々の顧客とのコミュニケーションを図る顧客管理をしてきたことで、一切マスコミに登場することなく、世間的には無名の存在でありながらも、顧客の支援を受けつつ講演業を継続的に維持していくことにつなげられたのです。

この私の手法を中小企業の経営者に伝授したことで、顧客創造の何たるかを実感できた方々は、顧客サービスを根本的に見直し、固定客を大切にする考え方を全社で共有していきました。そういう会社は、バブル経済崩壊後も、堅実経営の下で、着実に事業を展開していくことができ、倒産の危機を免れることにつながっています。

この顧客創造の原点が理解できないと、自分の仕事を支えるマーケットの形成がいつまでもできません。サラリーマンが独立して、その後の展開がはかばかしくないケースが多いのは、顧客リストを重視し、顧客のフォローアップにつなげる行為がなされていないからです。

そういう人は、お世話になった方々に対してお礼状の1本も出さないでいるものです。サラリーマンならそれでも生活していけますが、顧客の支持がなければ生きていけない事業主が、そうしたフォローアップができないようでは、早晩、事業で生き残れなくなるでしょう。

事業の世界は生存競争の場です。顧客を大切にしている相手と競争していることを常に忘れず、事業展開でお世話になった方、自分の仕事を応援してくれた人には、常にフォローアップを忘れず、最低、感謝の便りぐらいは届けるのが礼儀というものでしょう。

自分の仕事を持つということは、そうした裏側の仕事を軽視しては成り立ちません。

「おれが　おれが　の　我を抑え、
おかが　おかげ　の　下で生きよ」

という言葉は、自分よりも先に顧客を大切にすべきことを教えてくれていると考えるべきです。

第３節　「自分の仕事」は目の前の仕事をしながら

▼日経時代から学んだこと

日本人の約９割は被雇用者すなわち広義のサラリーマンとして働いています。そのサラリーマンは、学者、技術者、専門職のように自分の専門の研究に従事している人を除けば、ほとんどが勤め先の命じる勤務地で、自分の好みとは関係ない仕事に従事しています。それがサラリーマンの宿命というものです。

私の場合は20年間の日経在勤中、ずっと本社勤務でした。販売部門の同期生では私だけでした。どうして私だけがそうなったのか、その理由は私にはよく分かりませんが、自分勝手な想像では、私は上司にへつらうことのできない性格ですが、社内において人間関係を良好に保つ能力では、他の仲間に負けないものがあったのではないかと思っています。

私は相手の話をよく聴いて、相手中心に考える習慣が小学校の頃から身についていました。それは、小学校３年生の時に終戦となり、植民地から引き揚げてきたために、引揚者としての辛い経験の中で習得したものです。

私が所属した販売局の各県担当員は、業務上、他の部局（編集局・出版局・印刷局・企画調査部・発送部・総務部など）との交渉が必須でした。そのために私は常日頃から、時間を作ってはそうした部門の部長や次長を尋ねて意見交換をしていました。そのことは、いざ問題が生じた時に、プラスの影響をもたらしました。具体的な事案はここでは省略しますが、地方で展開する日経主催の講演会・セミナー・音楽会の開催などで、それが成功できるように、私の提言した企画が実現し、功を奏したことがたびたびありました。

また労働組合の中央執行委員になった時は、賃金闘争でいきり立つ印刷現場の組合員の説得や、経営陣との厳しい団体交渉の際に新たな解決策を提示したりして、共に局面打開にこぎつけた経験も重ねました。

こうした状況を幹部の誰かが見ていたのでしょう、何か新しい事態が生じると私の出番が待っていることがよくありました。その流れで、米国マグロウヒル社との出版事業を合弁で行うと決まった時、その成否を担う販売部門の現場責任者の役割が私に回ってきたのだと思います。

そのことをはっきり自覚するようになったのは、日経マグロウヒル社に出向して、日経の東京本社・札幌支社・名古屋支社・大阪本社・福岡支社の販売部門に協力を要請する際の交渉役は私がすべて担当し、販売会社の設立も、発送業者との交渉も、外部に電話セールスをアウトソーシングする場合などの新たな販売手段の創造も、それを実行する役割はすべて私が責任者として担当したからです。

▼自らの話力を自覚

こうした実際の体験を通して、私は次第に話力を発揮する仕事では自分は人より能力があるのではないかと考えるようになりました。

そして話力の能力開発の自己啓発を行うようになりました。話力の教育機関である米国のデール・カーネギー教室や、わが国の話力養成の第一人者である永崎一則氏の主宰する話力総合研究所の講座に参加し、他の受講生と比較してみると、常に私が上位の成績を収めることができたことから、客観的に私の話力は人より一歩先を行っていると知ることができました。

そうしているうちに、アメリカではモチベーショナルスピーチ（人のやる気を喚起させる講演）の専門家が高く評価されていることを知りました。当時の日本では、永崎一則氏をはじめ話力（話し方）の能力を高める指導者は大勢いましたが、聴衆（聴き手）の意欲を向上させて、その気にさせる動機づけの話ができるプロはほとんどいませんでした。

そこで、この未開拓の分野で私が独立して頑張るならば、オンリーワンの存在になれるかもしれない、また、そういう存在価値を持った専門家が日本にもそろそろ出てきてもいいのではないかと考えるようになっていきました。

そうした時に、当時、ダイヤモンド社が発行していた月刊雑誌『セールス』に掲載された私の寄稿「セースマンの人生設計」の記事を読んだ自動車販売会社の社長から、営業マンの士気を高める大会で講演してほしいとの依頼がありました。この依頼日が土曜日であったため、私は自分の力を試す意味で引き受けることにしました。

結果は、セールスマン諸君から好評で、社長も気に入ってくれました。そして、この時の講演会場で私の講演を聴いてくれていた研修会社の営業担当者も評価してくれ、「田中さんはプロでやれますよ、思い切ってそうなさったら・・・」と言って、地方銀行の支店長研修会の講演を斡旋してくれました。

この支店長研修会にはプロの講師も幾人か招かれていましたが、研修終了後の参加者の評価では私への採点がトップでした。その理由は、他の講師は従来の知識伝達型の話でしたが、私は参加者の意欲向上を図る話でしたから、それが参加者に強烈なインパクトを与え、加えて私の講演スタイルが新鮮に感じられたからのようでした。

こうした外部の講演会で、参加者からプロの講師と比較して同格以上の評価を得たことは独立への決定的な動機づけとなり、思い切って日経20年の勤務を区切りに退社し、社会教育家として新たな人生を切る決断につながっていったのです。

このように私は日経での勤務のプロセスを通して、無意識のうちに自分の得意とする専門の能力を開発していったことになります。しかも私独自の存在価値を支えてくれる応援者とのご縁ができ、独立してもやっていける目途が立ったのです。

第4節　人生はご縁で決まる

▼挨拶人間に不幸なし

「一引、二運、三力」という言葉を私は講演でよく使います。これは人生で大切なことに優先順位をつけた言葉です。「引」とは人様から引っ張ってもらうことです。オピニオンリーダーと呼ばれる影響力のある人（インフルエンサー）から招きを受けたり、紹介をしてもらったりして、チャンスを与えられることを指します。つまりは有力な人とのご縁をいただくことです。

昭和30（1955）年の春、私が九州の無名の高校から東京教育大学に入学した時、周りには誰も知った人がいませんでした。まさしく孤立無援の状態で東京での生活が始まったのです。大学の寮に入ってわかったのは、同じ高校出身の先輩後輩の関係にある人が結構いたことです。私の場合は初めての入学生でしたから、本当に心細い思いで孤独感を抱いたものです。

しかし私は小さい時から挨拶人間であったこともあり、寮内の仲間たちにはもちろん、寮の事務所の職員の人たちや食堂の賄いのおじさん・おばさんたちには毎朝、挨拶を交わしました。そのうちに私に声をかけてくれる人たちが増えていき、困った時には何かと手助けしてくれるようになりました。

「挨拶人間に不幸なし」は、この私の実体験から生まれた言葉です。

▼販売システムを改善

こうして周囲の人々に積極的に挨拶を交わしていくことで、私の人脈は徐々に増えていきました。大学3年になると専門課程に入り、教授・助教授・講師・助手の方々と言葉を交わす機会が増えていきました。そういう方々のたまり場である職員の休憩室に、私はよく出入りし、先生方と言葉を交わし、教室では聴けない貴重な情報を入手しました。それが就職先を決める時にとても役に立ちました。

就職試験では読売新聞社が早く内定し、続いて日本経済新聞社も内定した時に、いち早く読売への入社を断わることができたのは、諸先生のアドバイスでした。ある教授は「うちから日経に行くのは君が初めてだ。しかし君は何事も積極的に取り組む姿勢が身についているようだから、その精神で未開の分野を切り拓いてくれたまえ」と激励してくれました。この言葉は今も私の行動の原点になっています。

日経に入社してみると上司はみんな早稲田大学の出身で、先輩同僚も多くが早大出でした。日経は早大出が一番多く、次に慶応、そして東大の順でした。私の大学の先輩は3人でした。幸いに日経には学閥意識がなく、入社したらどの大学も平等に扱ってくれました。いや、むしろ私のような少数派を大事にしてくれる雰囲気があり、その点では恵まれた職場でした。

配属された業務局では、入社後5年間は先輩の助手（日経では助務と称した）として働き、6年目から独り立ちの担当員として活動するのが慣例でした。その5年間の助務時代は、主務の先輩の指示を忠実に実行し、主務の期待を超える仕事ができたと思っています。

主務として富山県担当になった時、最も頭を悩ませたのは、朝刊の紙面と到着時間でした。当時、富山県は呉羽山を境に呉東地区と呉西地区に分かれており、日経だけが呉東地区は東京本社発行の東京版、呉西地区は大阪本社発行の大阪版が配られていました。その結果、呉東地区は東京の株式相場中心の記事が掲載されており、一方、呉西地区は大阪相場が中心でした。

すでにその頃から株式取引の中心は次第に東京に移っていたこともあり、呉西地区の読者も多くは東京相場の詳しい情報を望んでいました。

朝日・毎日・産経の全国紙は、県内のすべてに大阪版が配られていました。日経の場合は、県庁所在地の富山市は呉東地区ですから、当然東京版でしたが、これが大阪からくる全国紙よりも到着が1時間遅くなっていました。そのために新聞販売店は地元紙の配達後に大阪版の全国紙を配り、その後また日経を配るという三重の配達体制をとることが強いられていました。

この紙面と到着時間の問題を解決しない限り、富山市における日経の普及は無理だと考えた私は、東京本社で発行される東京版の紙型を電送して大阪本社に送り、それを大阪で刷って、他の全国紙と同じように大阪から富山市に送ることはできないかと考え、編集局の幹部と相談しました。当時、新聞紙面を電送する技術が開発されつつあったこともあり、編集当局は技術的にはできそうだと前向きに検討してくれました。

そこで東京・大阪の編集部門・発送部門・販売部門に企画書を提出し、社の方針としてこのやり方を採用してもらうように根回しの努力をしました。これが功を奏して、私が目論んだ企画が実現することになりました。

この結果、一部の混乱はありましたが、大阪から東京版を届けることで富山市への到着時間が短縮し、配達体制の改善にもつながり、一挙両得の成果を挙げることができました。

しかも紙面の電送技術の技術が確立できたことで、その後、日経が全国の地元紙の新聞社に日経紙の現地印刷を委託し、地元紙と同時に配達してもらうという日経と地元新聞社との協力体制が出来上がっていったのです。その結果、現在のように全国的に日経を地方紙と同時刻に読めることが可能になりました。その元々のきっかけとなった事案に、私も関わることができたことは今も私の秘かな誇りになっています。

▼生徒会での経験

こうした新しい企画を実現していくには、当事者との良好な人間関係が前提となります。どんなにいい企画でも関係者が前向きに取りあげてくれなければ、企画倒れになってしまいます。私の場合は、新しい仕事を進めていく時に、まずそれに関わる人々に対する根回しをすることを心掛けたので、大体、目論見通りに実現することができました。

私は高校時代の1年生の時に生徒会副会長、2年生の時に生徒会長に選ばれましたが、その時に非常に苦労したことがあります。

それは私の高校は当時、普通課程と商業課程が同居したマンモス校で、双方の生徒の関係がうまくいっていなかったからです。普通課程は大学進学を目指した生徒の集まりであり、商業課程は就職を目指した生徒の集まりですから、両者は水と油の関係と言ってよく、元々うまくいくはずがないのです。終戦後の厳しい教育予算の関係から、こうした無理な体制での学校づくりがなされたのだと思います（その証拠に、間もなく商業課程は県立商業高校となって分離独立しました）。

そんな環境の中で、生徒会をまとめていくのは正直大変でした。ある企画を通すには、前もって商業課程のボスの生徒の了解を取っておく必要があったからです。

ボスと交渉するには普段の行為が大切です。私は1年生の時に弁論大会で商業課程の生徒たちから盛んなヤジを浴び、とうとう途中で弁論を中止せざるを得ない状況になったことがありました。その時から、商業課程の生徒と仲良くしないと何事も前に進まないと考え、生徒会の役員選挙に立候補する際は、彼らの希望を盛り込んだ具体的な提案をしていました。そのことをボスに説明し、根回しの話し合いをしました。

私は学校を良くするために受験勉強の時間を割いて努力しているのだから、反対するなら生徒会の役員を辞めるぞという意気込みで本気で話したものです。ボスになるような生徒はこの本気度を察知してくれました。

こうして逃げない姿勢で根回しに臨むという姿勢が、その後大いに役立ちました。

第5節　自分磨きの時間をひねり出す工夫

▼2000冊を読破　通勤時間は勉強時間

私のサラリーマン時代、通勤電車の時間が片道約1時間半はかかりました。その往復3時間は私にとって貴重な読書の時間でした。日経に入社して退職するまでの20年間、私はざっと2000冊の本を読破しましたが、そのほとんどは電車の時間を活用したものです。好奇心旺盛な私は、多方面にわたる分野の本を読みましたが、やはりいちばん多かったのが、地方から出てきて徒手空拳から仕事を始め、ついにある分野で成功した人たちが書いた本でした。そこに私と似た境遇を感じたからです。

松下幸之助氏、本田宗一郎氏、市村清氏、稲盛和夫氏、永守重信氏のような著名な実業家に関する本はもちろんですが、あまり世間では知られていなくとも一分野の専門家として活躍した人たちの本も大好きで、それぞれ代表的な著作は読みこぼしのないようにしました。

▼先人に学んだ講演家として生きる方法

著作と講演を業とした人の本もできるだけフォローしました。私のメンターであった話力総合研究所の創立者で、日本における話し方指導者のナンバーワンと言われた永崎一則氏の本は言うに及ばず、ダイヤモンド社出版部長から独立してビジネス書で数多くのロングセラーを執筆し、講演の分野でも活躍した桑名一央氏、東圧（現三井化学）の研修部長から独立し、独特の講演で人気を呼び、研修のプロとして名を馳せた鶴巻敏夫氏、そして何よりもアメリカの話し方教室の創業者で一躍脚光を浴び、『人を動かす』の世界的名著を著したデール・カーネギー氏らの本は、ほとんど全冊を揃えて熟読しました。

さらに一方で、私が専門としてきた心構えを磨く分野では、ＳＭＩという成功哲学のプログラムを開発し、人々に心構えを鍛える道を伝えたポール・Ｊ・マイヤー氏とは、１９８３（昭和58）年、米国テキサス州フォートワースで行われたＳＭＩ世界大会に参加した時、大会終了後、約2時間、昼食を共にしながら直接話し合う機会に恵まれました。その際、ＳＭＩの解説書を書きたいのだがと語ったところ、マイヤー氏は「今、長期のインタビューを受けているので、その速記録を送ってあげよう」と約束してくれ、大学ノート10冊分にも相当する資料を届けてくれました。

その資料も参考にしながら、１９８４（昭和59）年、『成功への勇気』（ぱるす出版・絶版）と題するＳＭＩに関する解説書を上梓しました。これがきっかけとなって、全国各地で行われたＳＭＩ主催の講演会にはこれまで数多く招かれました。

ＳＭＩに続いて、米国ではＡＩＡ（アドベンチャー・イン・アティチュード、心の冒険）という、やはり心構えを磨くプログラムが誕生しました。このプログラムは、いち早く日本でも翻訳され、企業内の社員教育の場で全国的に広がっていきました。

ＡＩＡを日本に定着させたのは、㈱グループダイナミックス研究所の社長、柳平彬《やなぎだいらさかん》氏です。私は日経時代、柳平氏と親しくしていた関係で、日本版ＡＩＡの普及について、私なりのサポートをさせてもらいました。

そんなことから１９７７（昭和52）年の正月休みを利用して、柳平氏と共にハワイに飛び、ＡＩＡの開発者ボブ・コンクリン氏と氏の別荘で会い、日本版の普及について話し合いました。柳平氏は1泊して帰国しましたが、私は3泊してコンクリン氏夫妻と個人的にも親しく接することができました。

当時、私は日経を中途退社し、独立することを秘かに考えていましたので、それを氏にそっと打ち明けて相談したところ、「ミスター田中、君の可能性は、頭上の青空のように無限に広がっているではないか、君のやりたいことをやりたまえ」と助言してくれました。その2年後に私は日経を退社しましたが、コンクリン氏の助言も私の独立を支える力になったのです。あの晴れ渡った空の下でハワイの海岸を2人で散歩しながら、コンクリン氏が空を指さしながら助言してくれた時の光景は今も目に焼きついています。

▼廣池千九郎氏の功績

心の教育に関する日本の第一人者は、道徳科学の研究で大きな足跡を残し、モラロジー研究所や麗澤大学を創立した廣池千九郎氏（1866～1938）であることを忘れてはなりません。

幸い廣池千九郎氏に関する著作は、モラロジー研究所から数多く出ています。そして同研究所の運営する廣池千九郎記念館が本部の柏市に本館、大分県中津市・静岡県函南町・群馬県みなかみ町の3か所に分館を建立しており、そこには廣池千九郎氏の生涯が展示されており、氏の業績を実物に接しながら学ぶことができます。

私はモラロジー研究所主催の記念講演会に幾度も招かれたことから、それぞれの記念館を訪れ、廣池千九郎氏が研鑽を積まれた部屋や書籍を目の当たりにして、氏が全身全霊を傾けて世界平和と人類の幸福を実現するための総合人間学モラロジー（道徳科学）の創成に生涯を尽くされたことを実感し、感銘を深くしました。

「人間の精神生活の基礎は道徳にあり、物質生活の基礎は経済にあり、両者は本来一体のものである」

と氏は語っています。これはすなわち自分の徳（品性・人間力）を磨きながら実力を養っていけば、自ずと事業はうまくいくことを示していると解釈できます。

氏はこのことを易経の「積善の家に余慶あり」（＝善行を重ねている人の家庭には幸福が訪れる）の言葉を引用して説明されています。これは普段私たちが目にする「陰徳あれば必ず陽報あり」「善因善果」「福因福果」などの言葉で示すことと同義語だと考えていいでしょう。つまりは善悪の価値観が損得の価値観よりも先にあることを指しています。

昨今、善悪の道徳的価値観を無視して、経済的な損得の価値観を第一にする人が増えていますが、その姿勢は長い目で見たら不幸を招くと歴史は証明しているのです。そのことを私たちは道徳を研究した廣池氏の言葉から知るべきだと思います。

▼森信三の「人間の一生」

人間学の分野で大きな貢献をされたもう一人の人物、哲学者森信三氏（1896〜1992）の存在も忘れてはなりません。森信三氏の著作も致知出版社から多数発刊されており、いつでも氏の思想を学ぶことができます。

私も多くのことを氏の著書から学びました。その一つをここに紹介しておきましょう。森信三氏は次の「人間の一生」（詠み人知らずの言葉）を推奨しています。

独立以来、私はこの言葉を指針として、終身現役を目指してきたつもりです。臨終定年を目指して頑張る価値のあることが、この言葉に集約されていると思うからです。

「職業に上下もなければ貴賤もない。世のため人のために役立つことなら、何をしようと自由である。しかし、どうせやるなら覚悟を決めて十年やる。すると二十から三十までには一仕事できるものである。それから十年本気でやる。すると四十までに頭をあげるものだが、それでいい気にならずにまた十年頑張る。すると、五十までには群を抜く。しかし五十の声をきいた時には、大抵のものが息を抜くが、それがいけない。『これからが仕上げだ』と、新しい気持ちでまた十年頑張る。すると六十ともなれば、もう相当に実を結ぶだろう。だが、月並みの人間はこの辺で楽隠居したくなるが、それから十年頑張る。すると、七十の祝は盛んにやってもらえるだろう。しかし、それからまた十年頑張る。するとこのコースが一生で一番おもしろい」

第2章

健康は終身現役のための基盤

第1節　ストレス解消の習慣づくり

▼ストレッサーと付き合う法

私たちは生きていく上で「生きる目的とは何か」をはっきりと認識しておくべきです。目的を知ることで間違った生き方をしないですむからです。

その生きる目的とは「生涯、自分を磨き続け、死ぬまで世のため人のために懸命に働くこと」というのが、私流の定義です。

この目的を達成するには、まず健康でなければなりません。したがって第一に目指すべきは、病気に打ち克つ自分作りということになります。

病気の最大の要因はストレスであると言われています。私たちが生きていく上で日々、いろいろな出来事に遭遇し、そのことで体や心に影響を受けますが、その影響を与える出来事を医学・心理学ではストレッサーと称し、それによって引き起こされる様々な影響をストレス反応と言っています。その反応は次のように3つに分類されています。

○心理面～活気の喪失・不安・イライラ・気分の落ち込み・興味の低下

○身体面～頭痛・肩こり・腰痛・目の疲労・動悸・胃痛・下痢・不眠

○行動面～飲酒量（喫煙量）の増加・仕事のミス・不注意（ヒヤリハット）

これらのストレスが病気を起こす原因なのです。したがって病気を防ぐには、ストレッサーと上手に付き合う工夫をし、自分の体にストレス耐性を備えていくことが必要です。

私の就学時代は、小学生の時に外地からの引き揚げてきた異常な体験、中学・高校時代の生徒会長の体験、大学時代のいろいろな家庭の家庭教師の体験など、人よりも異質の体験に出会い、いずれもストレス反応を背負ってきました。日本経済新聞社に就職してからも、外部の新聞販売店約300店との折衝、労働組合の中央執行委員として他の職場の組合員との交渉、日経マグロウヒル社への出向による米国マグロウヒル社とのやりとり、外部の出版事業関係者との交渉等々、異質な体験を積み重ねる日々を送ってきました。

そして何よりも会社を辞めて独立独歩の道を選び、会社の庇護を受けないで独自の力で生きていく過程を通して襲いかかってくる日々のストレスと戦いながら、40年近い歳月を過ごしてきました。

このように私は、ストレスと付き合う工夫を続ける人生を歩み続けてきた人間の一人です。幸いに、その間、病気もしないで健康を維持できたことは、私のストレス対策が功を奏したことになります。

▼イメージが人生を支配

では、どんな対策を講じていけばいいのでしょうか。35年前の著作で紹介したことや、私の体験を通して、最も大切な決め手を述べてみたいと思います。

その対策は、常に心の中をプラスのイメージで満たすことです。

ヒンズー教の古い経典に「人間は、自分の考えているような人間になる」という言葉が遺されています。この言葉は、すでに何千年も昔に、先人たちは経験を通して、いま最も必要とされる心の法則をすでに発見していたことを意味しています。

すなわち、自分が心に描くイメージが、自分をコントロールしていくという重要な原理を言い伝えてくれているのです。現代の人びとが、それを忘れてはもったいないと思います。

19世紀のオーストリアのシェヴレルという科学者が発見した『シェヴレルの振子』という実験があります。

5円玉に糸を結びつけ、その糸の端を親指と人差指で持ち、5円玉が机の上2〜3㎝になるようにつるし、静止の状態にし、5円玉を見つめながら、ブランコに乗って揺れている自分の姿をイメージすると、5円玉は少しずつ揺れ出すのです。こんどは、ブランコを制止する姿をイメージすると、５円玉は次第に止まるのです。

この実験は、多くの人によって試みられ、ほとんど１００％近い数字で、だれにも起こる現象なのです。つまり、私たちが、頭の中に、あるイメージを持ち続けると、体が自然にそのようになっていくことを、この実験は証明しているのです。

私たちの周りには、自分のことを悪く悪く考える人がいます。終始、不平不満を言い続け、すべて他人が悪いと決めつける人たちも、そうした人と同類です。一方では同じ環境にありながら、明るい幸せな生き方をしている人がいます。

同じ事象に対して、否定的にしか受け止められない人、いつもなにか裏があるのではないかと疑うことしかできない人はともに不幸です。

残念ですが、いまの日本の学校では、そうした心の理《ことわり》を教えてくれません。あまりにも、物の理に重点が置かれ過ぎているのです。

実社会では、多くの人は難しい数学や文法よりも、物事に対する心構えや、自分や他者への信頼のイメージを持つことのほうが、本当は大切なのです。

ローマ時代の哲学者でローマ皇帝でもあったアウレリウス（１２１～１８０）は「われわれの人生は、思考によってつくられる」と説いています。イメージは人生の鍵なのです。

（拙著『積極的に生きる』ぱるす出版・１９８３年　68頁）

既述のように、私は昔から心に描くイメージ（＝想念）の力がいかに重要かを理解していました。ところが今の日本人の多くは、この「心の原理」を忘れ、いかに儲けるか、いかに効率よく生きるかといった「物の理」が頭を支配し、より良く生きるための生き方（心のありかた）を構築するための工夫を重要視していません。その結果、昨今の不祥事の多くは、心の問題から生じていると言っても過言ではないと思います。

自分にストレスが生じた時、そのストレスを自分を磨く磨き石と考え、どんなことでも前向きに受け止め、その結果がよくなるイメージを抱いていけば、無駄な体験など一つもないと思えるはずです。ですから「ウエルカム　トラブル」（嫌なことよ、われに来たれ）と、どんな事態も前向きに受け止め、必死に対応していけば、必ずやそこから人生は好転していけるはずです、ストレス対策の能力も高めていけるものです。

▼心配するな、何とかなる

私は毎朝、神様と仏様に良いイメージを抱きながらお祈りをする習慣をずっと実践してきました。そうすることで、私が出会うストレスを自己変革の機会として活用できるようになりました。

イメージングの力を磨き続けると、あらゆるストレスをプラス思考で受け止めることができるようになります。嫌な目に遭遇しても、「あぁ、これはいい勉強だ」「これは私に対する天からの試練だ」と受け止めるようになれます。

そうできるようになると、どんなストレスからも逃げずに、ストレスと受け取れる事態をどう改善していけばいいのか、という新たな発想につなげていくことができます。

その発想の下に問題に対する解決策を懸命に実行していけば、何とかなっていくものです。「心配するな、何とかなる」の言葉は、まさしくそれを言っているのです。

現在の世の中はストレスだらけです。ストレスから逃れることはできません。私は学生時代も会社員時代も、「嫌なこと」や「損すること」から逃げないで、「善悪が先、損得は後」とまず善悪の価値観を大切にしてきたお蔭で、独立後に大きな得《とく》を手にしました。「陰徳あれば陽報あり」の諺はまさしくその通りだと思います。

第２節　昼行性動物の早寝早起きの習慣を守る

▼まず早寝早起き

人間は夜行性の動物ではなく昼行性の動物です。昼行性の動物は早寝早起きの習性を身につけています。その証拠に、私たちの身近にいる自然の昼行性の動物たちはそろって早寝早起きの習性を身につけています。ところが人間だけは、文明の発達によって次第にこの習性を放棄しつつあります。仕事によっては夜間に働く比重が増え、遅寝遅起きの生活を強いられるからです。

これは勤務上致し方のない事ですが、そうでない一般の人の間でも早起きを苦痛とする傾向が増えています。真夜中までテレビやスマホとつき合う時間が長くなっているからです。

学校に通う生徒たちも早起きが苦手で、朝起きることができない病気「起立性調節障害」になっている生徒が全国に100万人はいるとの推計もあります。

この病気にかかる子どもたちが増えている原因は、家庭で規則正しい生活が保たれていないことにあります。その上、そうした家庭では、親子の対話が乏しいために、良き生活習慣が欠如している我が子に注意できなかったり、友人との人間関係に問題があることを親が気づいていないものです。

私が育った家庭は父が軍人であったこともあり、近所でも評判の早寝早起き家庭でした。夏は朝6時までに冬は6時半までに、家族全員が起床して朝食を共にしました。そして私は7時半には登校していました。

「早寝早起き・朝ごはん・早登校」が今、学校で推奨されていますが、私は戦前からずっと実践していました。学校には早く登校する生徒が必ずいるものです。そうした彼らと始業時間まで野球・縄跳び・鉄棒・バレーなどのスポーツに興じていました。そのことで、体が鍛えられ、私はどれだけ得をしたか計り知れません。

▼『フランクリン自伝』に学ぶ

アメリカ合衆国建国の父の一人で、アメリカで最も成功した人と言われている政治家・外交官・著述家のベンジャミン・フランクリン（1706〜1790・100$紙幣の肖像画の人物）が、79歳の時に書いた『フランクリン自伝』（岩波文庫）は、今も世界で最も読まれている自伝の一つと言われています。

その自伝の中で、自分が朝早くから働く、正直で勤勉な人間であったことを詳述した理由について、フランクリンはこう述懐しています。

「世には仕事を正直にやってくれるような人間を求めている裕福な商人、貴族、国家、あるいは諸侯などがいつもいるものだが、そんな正直者は甚だまれであるという事情から、正直と誠実とは、貧しい者が立身出世するのにもっとも役立つ徳であることを、若い人々に悟らせるようにしたいと思ったからである」（岩波文庫版149頁）

フランクリンが79歳の時に自分の体験を基に書いた自伝だけに、この言葉には重みがあります。彼は自分の生涯を振り返りながら、小学校もまともに行っていないにもかかわらず、街の印刷工から身を起こした自分が、どうしてアメリカ建国の父とも言われる人物になれたのか、その決め手は勤勉・正直・感謝の徳を身につけ、世のため人のために懸命に働き続けたおかげで、周囲の人々から引き立てられたからだと、後世の私たちに伝えたかったからに違いありません。

『フランクリン自伝』は日本においても、戦前や戦後の20年ほどは多くの人々に読まれました。私もその読者の一人で幾度も熟読しましたし、娘と息子にも読ませました。息子は現在大学教授ですから、夏休み前になると学生たちに『フランクリン自伝』を読むように薦めているそうですが、読む学生はあまりいないと言っていました。

つまり「早寝早起き」をはじめ、良き生活習慣を実践することへの積極的な価値観を持たない世代が、今の日本には増えてきているということでしょう。

こうした傾向が出てきたのは、世の中が豊かになったことで勤勉に生きることに対する真面目な態度が人々から欠け、それに代わって自分の好きなように自由に生きることへの欲求が高まり、そう生きるのがいいと思っているからです。これは働く国民の9割がサラリーマンとして勤務先から給与をもらう立場になり、かつて江戸時代から明治時代の初頭のように自営業で生きる国民が9割であった頃とは真逆の社会になってしてしまったことが大きく影響していると思います。

その証拠に今でも事業主やその家族の人たちは、早寝早起きを当たり前のように習慣としており、自分の裁量で稼ぐことに懸命です。私もサラリーマンから個人事業主に転じて、自分の生活費は自分で稼ぐしかないという環境に身を置くようになって、良き生活習慣を守ることがすなわち生活を守ることであるとはっきりと悟るようになりました。

▼成人病が生活習慣病になったわけ

かつて40歳代から60歳代の成人が患う病気を「成人病」と称しましたが、その病気の要因が生活習慣の乱れにあることから、厚生労働省は平成９（１９９７）年にその呼称を「生活習慣病」と変えました。
このことからも分かるように、生活習慣を正しく守ることが病気を防ぐことに繋がるのです。事業主は自分が健康でなければ仕事ができなくなることを実感していることから、正しい生活習慣を実践することに真剣なのです。
「早寝早起き病知らず」の諺があるように、規則正しく生きることが健康の第一歩なのです。先のフランクリンは、
Early to bed and early to rise makes a man healthy,wealthy and wise.

（早寝早起きは人を健康にし、豊かにし、賢くする）

という言葉を遺していますが、これは現代にもそのまま通じることです。

私は子どもの頃から早寝早起きの習慣を守ってきたことで、学校時代は友達に恵まれ、勉強もできる子になりました。サラリーマン時代も、職場には早く出て勤勉一筋に働いたことから、周りの人に早く認められて重要な仕事を任されました。

独立してからは、見知らぬ人からも支援を受け、その結果、多くの顧客に恵まれることになり、倒産の危機にも無縁で、自分の事業を順調に展開していくことができ、その状態が今日も続いています。

この私の実体験から「早寝早起きは最高の生活習慣」「早起きは3億円の得」といった言葉を使って、講演の中で必ず早起きの効用に関する話をすることにしています。

早起き推奨の話に敏感に共鳴してくださるのは、優良企業の経営者の方々です。自分自身が早起きを武器に裸一貫から立ち上がり、幾多の困難を乗り越えて見事に事業を成功させてきた経験の持ち主だからです。

今後、サラリーマンは少なくとも定年後には独立自営の人生を送ることが、社会的に強く推奨されてくるでしょう。それを考えると、できるだけ若いうちから、事業成功者のように早寝早起きの習慣を身につけていきたいものです。

最近は早起きを疑問視する意見がネット上で散見しますが、その意見は、自分の夜の時間帯を自由に楽しめるサラリーマン族の独断と考えていいでしょう。この章の冒頭に書いたように、私たちは早寝早起きを習慣とする昼行性の動物であることを忘れないことです。

早寝早起きの習慣を規則正しく守ることが、健康をはじめ幸せに生きるための最も大切な行為であることは、人々の健康回復を目指す病院の起床時刻がどこでも6時となっていることからも理解できます。したがって、どの病院でも午後9時半から翌朝6時までは消灯の時間となっており、早寝早起きの原理原則が守られているわけです。こうした基本的な常識を、学校はもちろん、家庭の親たちもわが子に伝えていくべきだと思います。

第３節　少食、入浴、十分な睡眠

▼私の大学受験時代

戦後の教育制度改革で誕生した新制中学校は昭和22（１９４７）年から発足しました。その2年後の昭和24年に私は中学に入学しましたが、まだ校舎は完成しておらず、小学校の教室を借りて午前組と午後組に分かれての二部授業制度の下で学びました。それが解消されたのは1年生の終わりの頃でした。それでも私たちは恵まれたほうで、それ以前の先輩たちは十分な授業を受けることができないまま卒業していったのです。

その先輩たちの学力不足を悟ったのは、昭和27（1952）年、高校に入ってからのことでした。私の高校の大学受験組は2年生の時から3年生と一緒に旺文社の全国大学進学テストを受けましたが、私たちの学年のほうが3年生よりも成績が良く、その後、国立大学に合格できた数では私たちの学年が圧倒的に多かったのです。

これは私たちの学年が先輩たちよりも、まだましな教育を受けたことを意味しています。文化放送が旺文社の「ラジオ大学受験講座」を始めたのも、私の入学した年でした。そうした大学受験をサポートする仕組みを活かせるようになったのは、私たちからでした。

当時、大学に進学できる生徒はまだまだ少数派（私の郷里では高校生の20％程度）でしたし、それも生徒はみんな国立大学を目指したものです。国立大学は一期校（戦前の大学～旧帝国大学・旧文理科大学・旧商科大学・旧医科大学・旧工業大学が軸となってできた大学）と二期校（戦前の専門学校と師範学校が合体してできた大学）とがあり、一期校への競争率は非常に高く、試験内容も難しかったものです。

私の高校の2クラスは国立進学組（合計100名）でしたが、一期校に合格したのは15名ほどでした。その15名は自他ともに「できる生徒」と自覚していた仲間たちで、大学卒業後はそれぞれ大企業に就職し、幹部社員として活躍しました。

私もそのうちの一人でしたから、日本経済新聞社に入社してから幹部候補生としてのプライドを持って、他の社員の模範になるようリーダーシップを発揮しながら懸命に働きました。また当時の昭和30年代初頭は、まだ世間には戦前の感覚が残っていましたから、一期校に入学した者に対する世間の評価は高く、私たちもそれを当然として頑張ったものです。したがって、私の場合は将来のリーダーになるべき人として、どう生きればいいのかを自問自答し、周りの指導者の姿を見ながら、サラリーマン生活を送りました。

リーダーとして最も大切なことは、常に健康であり、何事にも率先垂範して前向きに動くことです。健康であるためにはどういう生活を送ればいいのか、社会人になってからは、特にそのことに留意しながら、諸先輩の体験談や長生きのための健康に関する情報に人一倍注意しながら過ごしました。

▼『養生訓』に学ぶ

江戸時代の健康法を説いた『養生訓』の著者・貝原益軒（１６３０～１７１４）の存在にいち早く気づき、彼の説を生き方に活用したことや、アメリカで老年学（gerontology）が学問として確立し、百歳人（centenarian）の研究が盛んであることを人よりも早く知って勉強したのも、すべては私が健康に関する強い関心を持っていたことがきっかけだったのです。
その結果、私は次に列挙する3つの健康法を日々実践してきました。

第1は、腹八分目の食事法です。

我が国には昔から「腹八分に医者要らず」の諺がありますし、欧米にも「Light suppers make long life」(軽めの夕食は長寿の基)というのがあります。『養生訓』の巻三の八に「はじめから節度をもって食事をとることを心掛けなければならない。腹八分がいいのである」と記されています。腹八分が健康にいいことは、今日の医学では遺伝子レベルで証明されています。

腹八分目の食事法を私の場合は、まず主食のごはんを1膳と決めたことが最初です。結婚までは3膳も食べるほどのご飯大好き人間でしたが、妻の薦めもあって1膳にし、それをずっと守ってきました。おかげで大食漢の習慣から抜け出すことができ、健康を保つ意味でも役立っています。

75歳過ぎからは、情熱を傾けて熱誠講演をする私の講演は、心身共に重労働であると痛感したため、講演回数を減らすことにし、これまでエネルギッシュな講演を支えてきたカロリー補給の食事にも手を加え、仕事量の削減に応じて食事量も変更しました。

現在は、朝はバナナとヨーグルト、昼はご飯1膳とタンパク質と野菜の豊富な食事、夜はグラス1~2杯の赤ワインと軽食、というように食事量を全体的にぐっと減らしました。講演会に出講して外で食事を摂る時も、カロリー過多にならないように注意しています。そのおかげで82歳の今日も病気とは無縁であり、健康な日々を過ごしています。

第2は、入浴です。

一般に風呂に入ると、次のような3つの効果が得られると言われています。

①温熱作用による血液・リンパ液循環の改善

風呂のお湯は、あらゆる体内の血液やリンパ液の流れ促進させるため、疲れがとれます。そして肩こりや腰痛の改善にも効果的に作用します。

②浮力作用によって心身をリラックス

水中の物体には浮力が働くことから、風呂につかった体の重力は10分の1になり、緊張していた筋肉はゆるみ、足腰の負担も減って心身共にリラックスできます。

③水圧作用で下半身に滞留している血液は心臓に戻し、心臓の働きを活発にします。

その結果、①の温熱作用と併せて、血液が原因とされる症状（むくみ・冷え症など）を改善します。

私の場合は、就寝前に42℃前後のやや熱めの湯に7分ほどつかり、身体を洗った後にまた3分ほどつかります。そして30分ほど居間でリラックスしてから床に就きます。すぐ眠りに入ることができます。

このように私にとって入浴は1日における仕上げの大切な習慣としてきました。そのこともあって、浴室が快適であるように、そのリフォームを15年毎にしてきました。おかげで夜の入浴は私の大きな楽しみでもあるのです。

第3は、十分な睡眠です。

睡眠は心身の健康に欠かせないことは誰もが知っています。特に私は小さい時から1日8時間睡眠を続けてきました。十分な睡眠をとるのが習慣でした。眠りの深い浅いはありますが、とにかくトータルで8時間を確保するように心がけてきました。高校や大学では期末試験の時期になると、徹夜をして勉強に励む人もいましたが、私にはそんな経験は一度もありません。

高齢になると睡眠時間が短くなると言う人もいますが、私に限ってはそんなことはなく、今も8時間睡眠の習慣を続けています。

「寝る子は育つ」と言いますが、「寝る老人は健康」とも言えるのではないでしょうか。

それだけ、睡眠は年齢に関係なく最も大切な健康法であると考えています。

第4節　しつけ三原則が健全な精神と身体をつくる

▼しつけ三原則

「しつけ三原則」を最初に提唱したのは、哲学者であり教育者であった森信三氏です。氏は、1977（昭和52）年発刊の『森信三先生　一日一語』（実践の家・寺田清一編）の「しつけ三大原則」の項で、次のように述べています。

一　朝のあいさつをする子に―。それには先ず親の方からさそい水を出す。

二　「ハイ」とはっきり返事のできる子に―。それには母親が、主人に呼ばれたら、必ず「ハイ」と返事をすること。

三　席を立ったら必ずイスを入れハキモノを脱いだら必ずそろえる子に―。

この三原則を私なりに言い換えて、「①あいさつ、②返事、③後始末」と簡単明瞭に表現していますが、この三原則を日々実践していくことで、良好な人間関係力を保つ力を養い、同時に健全な精神と身体を身につけられるという副次効果に恵まれます。私が健康を今日まで維持できているのもそうなのです。その意味で、私の父がこの原則を厳しくしつけてくれたことに感謝しています。

私は小学校の時から「田中君は挨拶・返事がいいし、掃除もできるね」と教師や周りから言われたものです、そして「しつけ三原則」の実践のおかげで、私の周りの人たちから次々に良いチャンスをもらうことができ、加えて健康にも恵まれました。

小学校3年生の時に、父を除く私たち一家は、当時、日本の植民地であった朝鮮の釜山府から、父母の里である現在の熊本県玉名郡和水町《なごみ》（旧神尾村）に引き揚げました。そして1年後に福岡県大牟田市に移住し、そこで高校卒業まで過ごしました。

この間、引揚者の家族はどこでも父親が失職したことで、経済的に困窮したのが当たり前の状況でした。我が家でも父は軍人であったことから公職追放の目に遭い、小学校から中学校時代にかけて経済的に厳しい状況下にありました。

しかし私は「しつけ三原則」を無意識のうちに身につけていたおかげで、周りから助けられ、嫌な思いをすることなく過ごすことができました。その恩恵はその後もずっと続き、サラリーマン時代も独立してからも人様とのご縁に恵まれました。おかげで健康に恵まれ、自分なりに自己実現の人生を送ることができています。

良き人間関係を形成する決め手は「しつけ三原則」であることを、私自身が日々の生活を通して実感してきました。そうした経験があったからこそ、森氏提唱の「しつけ三原則」を知った時、この三原則が私を育て、救ってくれたのだとの思いに駆られたのです。

そして「しつけ三原則」を日々実践することが、人生で最も大切なことであると、あらゆる講演会で繰り返し唱え続けてきたわけです。

▼あいさつ

そこで講演の中で強調している「しつけ三原則」の私なりのポイントを、ここに改めて述べておきたいたいと思います。

まず第1に「あいさつ」です。

「あいさつ」の要領は、「あ」～明るく、「い」～いつも、「さ」～先に、「つ」～続ける、と覚えることです。どうせなら、この要領で、明るい挨拶を、しかもいつも欠かさず、そして相手よりも先にすることを、継続して続けることが大切です。

この単純明快な基本原則を守り続ける人は、必ず人に好かれ、思わぬご縁をいただき、仕事にも恵まれていくものです。「挨拶人間に不幸なし」と私が言い続けているのは、そうした挨拶の効用が人生をよりよく展開してくれるからです。

確かに挨拶人間で不幸な人はいません。どんな環境にあっても、気持ちのいい挨拶ができる人は他人に好かれるからです。誰もが人に好かれたいと思いながらも、そうならないのは自分が挨拶人間になっていないからです。

そこで家庭内でも、夫婦の間でも大きな声で挨拶を交わす習慣を早く確立することです。これができれば、子どもたちも自然に大きな声で挨拶ができるようになります。

学校でも職場でも大きな声で挨拶ができると、その人は周りから「あの人はいい人だ」との評判が立ち、いつの間にか人に好かれる人になっていくものです。

東京都品川区では、家庭教育ブック『しながわ子育て応援歌』を保護者向けに編集し、子どもたちが自立した社会人に育つように、基本的な生活習慣と規範意識のガイドブックを作成しています。

その中に、「あいさつのしかた7原則」として「①自分から先にします。②相手の目を見てします。③笑顔でします。④ていねいなおじぎは、頭を下げ、腰を折ります。⑤おじぎをした後、相手の顔を見ます。⑥したり、しなかったりがないようにします。⑦部屋に入る時は、まずノックをします。」を挙げています。

ここで示された挨拶の習慣を身につければ、人生を大いに好転させていけるのです。

▼返事

第2に「返事」です。

返事の「ハイ」は「拝」からきたと言われています。つまり「ハイ」の返事には、相手を認める・敬う・立てる、つまり「おれが　おれが　の『が（我）』を抑え、おかげ　おかげ　の『げ（下）』で生きよ」の諺の意味が含まれています。「ハイ」の返事は、相手を無視しない心遣いを示していると解釈すべきです。そして、名前を呼ばれたら、必ず「ハイ」と短く、大きな声で、はっきりと、相手を見ながら言うことです。

最近は、家庭で「ハイ」の返事を子供に習慣づける親が少なくなっており、そのために「ハイ」と返事ができない子が増えています。たった一声の「ハイ」が言えないために、相手から嫌われることのないようにしたいものです。

私は「大きな声でハイを言うことは自分の勇気を養成することにつながり、勇気は機関車、自信は客車、勇気は自信に先行する」と言いながら、ハイの返事の習慣が身につけば、勇気が湧き、続いて自信ができてくると主張しています。これは私の経験から気づいたものので、私が積極的な行動を取り続けてきたのは、まさに「ハイ」の習慣のお蔭であると思っています。

▼後始末

第3に「後始末」です。

「後始末」と「初動」とは裏表の関係です。後始末の習慣を身につけると物事への最初の取り組みである初動がスムーズにいきます。ですから業績のいい会社はどこも「整理・整頓・清掃・清潔」の4Sに熱心です。もちろん私も4Sを実践している一人です。

森信三氏もこう述べています。

「一、礼を正し。二、場を浄め。三、時を守る。

これ現実界における再建の三大原理にして、いかなる時・処にもあてはめるべし」

(『一日一語』致知出版　2008)

この「再建の三大原理」の「場を浄め」とは、後始末をきちんとすることです。何事も後始末を心掛けて行えば、気づき・謙虚さ・感動・感謝の力が養われます。特にトイレ掃除はそうです。ですから松下幸之助氏も社員教育の一環としてトイレ掃除を重視したのです。

私はこれまでに数多くの企業や団体を訪問してきましたが、4S運動を展開しているところは、外部の人間である私を迎える社内の雰囲気がよく、業績もいいのが共通しています。

つまり当たり前の習慣を継続実践することは、人を磨き、組織を磨くことにつながるのです。逆にこのことに価値を見い出さない人や組織は、次第にダメになっていくのです。

第５節　毎朝の神仏礼拝

▼祈りが成功に導く

新婚夫婦が所帯を持った時、神棚を備えているところは、それだけで信用できる家庭であり、これまた健康に恵まれる家庭と見なしていいでしょう。

かつて私の知人の長男が地方で結婚したので新世帯を尋ねて行ったところ、ちゃんと神棚が備えてあったと喜んでいました。彼の家では、家族で毎朝、神仏にお祈りする習慣があったので、長男はそれを新世帯でも踏襲していたのです。

私はこの話を聞いただけで、長男の家庭はうまくいくに違いないと思いました。最近は神棚や仏壇を備えていない家庭が増えていますが、それは親がその必要性を認識していないからです。

私は明治生まれの両親に育てられましたから、毎朝、神様に手を合わせる習慣を身につけていました。ですから結婚して当時の公団住宅に入りましたが、夫婦とも神棚を備えることを忘れませんでした。私たちの世代ではそれが当たり前のことだったのです。

ところが、団塊の世代が結婚する頃から、こうした風習が廃《すた》れてきました。

私たちは、勤勉な生活を続けることが大切なことだとわかっていても、それはなかなかできないものです。しかし、勤勉さを持続できる良い方法があります。それは毎朝神仏に手を合わせ、心をこめて誓いを立てる祈誓《きせい》を実行することです。

神さまに対しては、

「私は今日も前向きに明るく、精いっぱい努力することを誓います○○と○○は今日中に駆必ず実行します」

と、仏さまに対しては、

「私はご先祖様・お父さん・お母さんからいただいた能力を、今日も十二分に発揮することを誓います」

と祈るのです。

その際、心の中で両親の笑顔を思い描くことによって心の中を明るい状態にすることです。心の状態を明るくしてこそ、自分で誓うことが潜在意識に伝わってきます。心が明るくなれば先祖と自分が結びつき、縦のつながりができ、それが大きな力になっていくのです。

▼祈りが消えた戦後日本

日本は戦後、先祖を敬い、親に感謝する教育を学校でも家庭でもしなくなりました。そのこともあって、今の日本人は先祖代々伝わる潜在的な力が自分にあることの認識が乏しくなっています。

私たちの親は２人です。しかし、祖父母は４人になり曾祖父母は８人になります。このように先祖を30代さかのぼると、その数はなんと10億７３８０万人になります。つまりこれだけの膨大な先祖の血を引いているのです。言い換えれば可能性を秘めているのです。この可能性を自覚することが祈誓、すなわち祈ることなのです。

私はこうしたことを講演や拙著において言い続けてきました。

例えば故永安幸正氏（元麗澤大学教授　１９４１〜２００７）は次のように述べています。

「誓うことは、古代では『ウケヒ』といって、神仏のほうに向き、神仏に誓う、神仏の問いかけと恵みに、応答する、という意味です。

この両親の笑顔に誓うという方法を行うと、澄み切った温かい心となれる。やましいことを考えているときは、笑顔が歪み、浮かばないことさえある。これは創造性の向上に役立ち、なにより心を落ち着け、整えるうえで、素晴らしい効果を発揮する」

（『経済の哲学』麗澤大学出版会、２００８）

この永安氏はいつも試験のときには答案用紙に名前を書いたら筆を置き、目を閉じて両親の笑顔を思い浮かべ、その笑顔に向かって精一杯頑張ることを誓って、優しい問題から解いていき、難しい問題に出会ったら、また両親の笑顔を思い浮かべ、解けることを念じたそうです。

神仏への祈りは創造性を向上させる効果があります。この祈誓の威力を日々活用していきたいものです。そして神仏に誓うことで、健康を維持する力をも身につけることができるのです。これは誰もあまり指摘しませんが、とても重要なことなのです。

第3章

4賢人に学ぶ成功法則——
貝原益軒・石田梅岩・
伊能忠敬・二宮尊徳

第1節　自虐史観からの脱却

▼未だ占領時代を引きずる日本

まず、文芸評論家で都留文科大学教授の新保祐司氏が「日本人の意識を覚醒させる時だ」の論考の最後に述べている以下の一文をお読みください。

「近代日本において、『人間という観念』は『西洋』が考えた『人間』であり、それが西洋崇拝のせいで普遍的なものだと妄信してしまったのである。『日本人』から出発した『人間観』ではなかった。

保田與重郎は、戦後の著作『述史新論』の中で、『我々は人間である以前に日本人である』と書いた。『日本人である以前に人間』であるというのが、近代の、特に『戦後民主主義』の風潮の中で生きてきた日本人の通念であろう。さらには、『人間』であればいいので、別に『日本人』であることは必要ないと思っている人々もいるであろう。しかし、その場合の『人間』とは、実は西洋伝来の『人間という観念』に他ならなかったのであるが、そのような『観念』にすぎないものであっても『戦後民主主義』という空想の中に閉塞してきた日本人にはふさわしいものであった。

しかし、今や『文明の衝突』の時代を迎えて、三島由紀夫の言うように『日本人という具体的問題』に取り組むべき『時』がやってきた。その考察にあたって交声曲『海道東征』は屹立した日本の古典として聴かれることであろう。この音楽の中に『日本』が鳴り響いているからである」

（産経新聞　2018年2月19日付）

保田與重郎＝1910〜1981．文芸評論家。亀井勝一郎らとともに『日本浪漫派』同人として活躍。「日本の橋」で第1回池谷信三郎賞。著作は膨大で個人全集は全40巻に及ぶ。

この新保氏の一文を読んで、特に戦後の日本の左翼系の知識人が「人間であればよいのであって、別に日本人であることは必要ない」と考えるようになったのは、1945（昭和20）年8月15日の終戦の日から1952（同27）年4月28日の独立の日までの6年8か月に及んだ米国占領軍による占領政策の影響が大きかったと考えました。

占領軍はウォー・ギルト・インフォメーション・プログラム（WGIP・戦争についての罪悪感を日本人の心に植え付けるための宣伝計画）をはじめ、占領軍の一方的な言論統制・公職追放・神道指令（神社神道の統制・修身や日本歴史や地理の授業廃止）・東京裁判・

新憲法の制定などの政策を通じて、日本人に自虐史観を植えつけるという洗脳工作を徹底的に行いました。

また、日本人の自虐史観を利用して、中国も韓国も未だに反日政策を性懲りなく展開しているのです。南京虐殺事件や慰安婦問題など実際にはありもしなかったことを主張し、日本人を貶《おとし》めようとしています。

そうした反日政策が戦後70年を過ぎても絶えないのは、占領軍による日本の教育改革で大東亜戦争に対する贖罪（日本は大東亜戦争で悪いことをしたのだ）意識が、新聞・テレビなどマスコミに集う人々、そして自民党まで含めた政治家の多くが今もその影響下にあり、それが国民全体の世論形成にまで及んでいるのです。

そのために中国・韓国の間違った行為に堂々と反論できないばかりか、天皇陛下・総理大臣の靖国神社参拝さえも遠慮しなければならない状況を醸し出し、ひいては国旗の掲揚や国歌斉唱を公の場で行うことを良しとしない雰囲気が残っているのです。

戦前の小学校教育を少しでも受けた現在75歳以上の日本人は、今や全人口の12％しかいません。私もその一人ですが、戦後の10年ほどは、占領軍の自虐史観導入の先兵役を務めた日教組の活動はさほどでもなかったことを知っています。ですから私たちの世代は自虐史観の洗礼を受けず、戦前の日本人の価値観を強く抱いています。

しかし、戦後生まれの団塊の世代あたりから自虐史観に侵されている人が出てきたことを、私は彼らと接触するようになってから感じるようになりました。

彼らの特徴は、石田梅岩や二宮尊徳の存在や思想に疎く、戦前の修身教育に出てくるような人物を尊敬する気配が感じられないことです。しかも勤勉・辛抱・倹約・正直・感謝・少欲知足といった戦前までの日本人が大切にしてきた心を磨く徳目を重視する考えが乏しく、そうした「心的態度」の価値よりも経済的な価値に重きを置く「善悪よりも損得」の考え方を優先する傾向が強いことに気づきました。

それでも団塊の世代の人たちは、彼らの親たちは戦前派でしたから、その親たちの影響を受けて、まだ少しは戦前の日本人を理解することができたようですが、その団塊の世代のジュニアになると、戦前の日本に興味を抱かず、日本伝来の文化を誇りに思わない層が大きくなっています。

それを強く意識したのは、団塊の世代が定年を迎え、そのジュニアが世の中の中核を担い始めた頃からです。私は企業の管理職研修にも出講する機会がありますが、そこで戦前に培われた日本人の伝統的な価値観を紹介した時の彼らの反応は、団塊の世代とは大きく異なるものでした。その時に自虐史観が彼らに浸透していることを痛感しました。占領軍の洗脳工作が、ここまで大きな効果を発揮しているかと強い危機感を持たざるを得ませんでした。

▼占領軍に衝撃を与えたミアーズの分析

その危機感を特に戦後生まれの世代の人々にも共有してもらう必要があるとの思いから、2009(平成21)年に拙著『江戸時代に学べ～明日を生き抜くヒントがある～』(ぱるす出版)を書きました。この本では、なぜ占領軍が自虐史観を日本人に植えつけようとしたのか、その事情も詳しく紹介しています。

その中で読者からの関心が大きかったのは、占領軍の政策を批判したアメリカの歴史学者の存在を紹介した個所でした。その学者とはヘレン・ミアーズ女史(1900～1989)で、彼女は1946(昭和21)年に来日し、占領軍の顧問メンバーとして労働法の策定に参画した人です。

帰国後、『Mirror for Americans : JAPAN』(邦訳『アメリカの鏡・日本』・メディアファクトリー刊)を出し、占領政策は日本の伝統的価値観を破壊しようとしていると批判しています。しかしこの本の日本での発刊は当時の占領軍総司令部が許可せず、戦後50年目の1995(平成7)年にやっと完全な邦訳版が出版されたのです。

この、ミアーズの著書は当時の占領軍にとって大きな衝撃だったようです。たとえば、この本の次の一節だけでも、占領軍にとっては日本人に知られたくなかった情報であったと思います。

「日本が総じて安定した非侵略的な独自の文明をつくったことは記録に明らかだ。近代以前の日本は少なくとも千八百年の間、様式化され限定化された内戦の時代と、全体的混乱の一時期を除けば、平和と安定の中で文明を発展させ、人口を増やし、制度を整備しつづけてきた。そして、外国を征服しなかったことは事実である。日本人を〈間違い〉で非難するなら、世界の大国になった近代国家で、こうした歴史を誇れる国がほかにあるか、探してみるべきだ。

私たちは日本国民を生来の軍国主義者として非難し、その前提の上に戦後計画を立てている。しかし、日本を生来野蛮で好戦的であるとする証拠は一片もない。なによりも日本国と日本文明の歴史がそれをはっきり否定しているのだ」（邦訳書205頁）

占領軍の政策が間違っていることを米国人自身が指摘しているのです。その占領軍が植えつけた間違った歴史観を、日本人は正そうともせず、そのまま鵜呑みにしている傾向があります。この状況を脱しない限り、私たちは日本人としての誇りを持つことができませんし、日本国としても、世界の諸国に対して正々堂々と言うべきことを言う矜持《きょうじ》（自信・プライド）を保つことはできません。

ですから私たちは一日も早く自虐史観から抜け出し、本来の日本人に戻る努力をし続けていかねばなりません。そのためにも、まずは日本人として世界に誇る遺産を残した人々の生き方に触れることが大切です。

▼江戸時代の再評価

アメリカの良心的な学者の証言を私たちは戦後長い間、知ることができませんでした。そのために占領軍の対日政策の洗脳工作にも気づかず、彼らの仕掛けにまんまと乗せられてしまったのです。

占領軍の主導で行われた戦後の教育改革の影響で、今の若い世代から中年の日本人は、日本の歴史は、歴史的に見て全世界で独特の輝きを持つ非常に優れたものであるという価値観を持っていません。

その素晴らしい日本独自の文化が大きく形成された要因は、1638（寛永15）年の島原の乱以後、日本国内に戦争がなくなり、明治維新までの230年間、世界的にも例がないほど平和な時代が長く続いた江戸時代の存在が大きかったと言えます。

したがって江戸時代には日本独自の文化・文明が形成されました。そのことに貢献をした人物が数限りなくいます。その中でも、私たちの思想形成の面で欠かせない人物を、ここでは年代順に４名を取り上げます。少なくとも私はこの４名の人物から多くの学びを得ることができ、生きていく上でどれだけ助けられたか計り知れないものがあります。

いや私だけでなく戦前生まれの現在75歳以上の日本人の多くが、そうだと思います。日本人にとって歴史上、忘れてはならない偉人です。

第2節　貝原益軒に学ぶ――人生100年時代

▼長生きは本人次第

最初に紹介するのは『養生訓』の著者貝原益軒です。

益軒は島原の乱の8年前の１６３０（寛永７）年に、福岡の黒田藩士祐筆役（書記役を司る武家）の5男として生まれました。したがって島原の乱が起きた時、黒田藩からも１万８０００人が派遣されたことは本人も記憶していたことでしょう。

益軒が幸せであったのは、島原の乱の後、生涯、平和な時代を生き、父親や兄弟に囲まれながら、自分を活かすことができたことです。しかも、50歳から80歳の約30年間は、５代将軍綱吉の治世で、江戸文化が最も輝いた元禄の世でしたから、学者としての彼の優れた能力がいかんなく発揮できたのです。

益軒は幼い時から漢学書に親しみ、13歳の時、医者の道を選択したため、医学・薬学など漢学以外の分野でも博識な人物になっていきました。

19歳の時、黒田藩主忠之に仕えましたが、武闘派の藩主に嫌われたのでしょうか、2年後に浪々の身となり、7年間の浪人生活を余儀なくされました。しかしこの間、益軒は儒者として医者として江戸や長崎で学問を習得し、人間的に大きく成長したと言われています。

7年後、次の藩主に仕えることになり、藩命で10年近く京都留学を果たすなど、藩の儒者・医者として71歳まで活躍し、退官後は84歳で亡くなるまで著述に明け暮れ、終身現役を貫きました。

益軒は今日の私たちと同様に、人生100年を前提にして生きることを提言し、自らそのような生き方をしたのです。彼は『養生訓』の中で、こう述べています。

「人間の寿命は百歳をもって上限とする。(中略)それゆえに養生の術を実践し、いかにして天寿をたもって五十歳をこえ、なるべくはもっと長生きして六十歳以上の寿の域に到達すべきである。昔のひとは長生きの術があるといっていた。また『人の命は我にあり、天にあらず』ともいったから、長生きの術を行なおうと意志すれば、長生きをたもつことは十分に可能である。つまり人間の力でどうにでもなるのである」

（講談社学術文庫『養生訓』40頁）

ちなみに「養生」とは「生を養う」という意味ですから、この本は「一生を健康に恵まれ、幸せに生きるにはどう生活すればよいか」を説いた人生案内書ということになります。

益軒は若い頃から30代頃までは度々病気にかかりました。その病弱な自分に打ち克つために医学・薬学の研究にも力を注いだのです。その結果、晩年の彼は健康に恵まれ、まさしくＰＰＫ（ピンピンコロリ）の人生を全うできたのです。

益軒は中国の古典『尚書』（『書経』の別名）にある五福（長寿・富裕・健康・徳を好む・天命を全うする）の中で、長寿が一番目に掲げられていることから、長寿は幸福の根本であるとして、その長寿であるための具体的な方法論を『養生訓』で詳述しているのです。

▼我欲を抑える

『養生訓』は８巻から構成され、その75％は健康を維持するための具体的な対処法です。しかし現代の私たちにとって最も大切なのは、総論で述べられている長寿に対する彼の思想です。かれは貧しくとも長命であることがよほどすばらしいとして、こうも述べています。

「およそ人間には三つの楽しみがある。一つは道を行い心得ちがいをせず、善を楽しむこと。二つは健康で気持ちよく楽しむこと。三つは長生きして長くひさしく楽しむことである。いくら富貴があっても、この三つの楽しみがなければ真の楽しみは得られない。それゆえに富貴は三楽にいれていないのである。もし善を楽しまず、また養生の道を知らないで、身に病が多く、短命となるひとは、この三楽を得られない。

ひととして生まれたからには、この三楽を取得する工夫がなくてはならない。この三楽がなければ、どのように富貴があっても楽しめないのである」（同書44頁）

それでは、長寿を全うし、3つの楽しみを得るには、どういう生活をしていけばいいのでしょうか。それに対する答えを益軒は数々述べていますが、私は、その中で最も大切なのは、次の一文であると考えています。

「健康であるためには養生の道にしたがわなければならない。針や灸や薬をたのみにしてはならない。ひとの身には、口・腹・耳・目の欲があって、身を痛めることが多い。古人の教えにはすばらしい養生の法がある。それは孟子の『欲を寡《すくな》くする』ということである。宋代の王昭素もまた、『身を養うことは欲を寡くするにしくはなし』という。省心録にも、『欲多ければすなわち生を傷《やぶ》る』とある。およそ人間の病気は、みな自分の欲をみたそうとして慎まないことから起こる。養生の士は、つねにこれを心がけて戒めなければならない」

（同書56頁）

この益軒の我欲を少なくする自己抑制の生き方は、当節流行りの自己の欲求を満たすことをよしとしている生き方とは全く逆です。どうしてこうなったのでしょうか。

その最大の原因は、戦後の教育において戦前のわが国の歴史を否定したことにあります。人間を教育する過程で私たちが重視すべきは、3歳時までの未就学期です。「三つ子の魂百まで」の言葉の通り、この最初の3年間に人間の3つの脳である脳幹と古い脳（大脳辺縁系）と新しい脳（大脳新皮質）のうちの古い脳（感性を司る）が発達するのです。

つまり3歳時までに感性を磨く徳育を施すことで、人は否認知能力（忍耐力・協調性・思いやり）いわゆる「生きる力」を磨くことができるのです。

したがって戦前までの教育は、知育・体育と共に徳育を重視したのです。しかし戦後の教育改革で、この徳育が否定されたことで、戦後生まれの日本人の家庭では躾《しつけ》がなされなくなり、自我を抑えることができない子供が増えてきて、今日の教育現場の混乱につながっているのです。

益軒はその心の健康（徳育の重要性）を説いているのであり、そのことはどんな時代になっても絶対に無視してはならないのです。

私が独立して今日まで一貫して心構え（心を磨く習慣）の重要性を説き、そのことを繰り返し訴え続けているのは、日本人の生活にもう一度「徳育」を取り戻すためなのです。「心の理」を無視して「物の理」だけに執着していては、益軒の言う３つの楽しみを手にできないまま不幸な人生で終わることになってしまいます。

１回しかない人生ですから、そうした取り返しのつかない生き方を避けるためにも、益軒を初め江戸時代の先人が残してくれている教訓に学ぶべきです。

第３節　石田梅岩に学ぶ――商人道を説く

▼武士に「道」あり、商人に「道」あり

益軒より55年後に生まれ、約30年間、同じ時代を生きた石田梅岩（１６８５～１７４４）は、江戸中期に「商人道」を確立し、武士階級から蔑視されていた商人階層を中心に一般大衆の生き方を正当に評価し、支配階級の武士と対等に生きる権利があることを主張しました。

梅岩の説に賛同した有力な商人たちは、梅岩の説を広めるために「石門心学《せきもんしんがく》」という名称で学派を形成し、同志を募り、その学び舎（講舎）を各地に設立、最盛時には全国64か

国170か所に及びました。そうした普及活動が功をなし、石門心学が教える「人としての生き方」は、庶民（農民・町人・商人）だけでなく武士階級にも大きな影響を与えました。

それは後に触れる二宮尊徳の思想が明治以後の日本の各階層に広まったこととよく似ています。その証拠に、1938（昭和13）年に岩波書店から『大教育家文庫シリーズ』が出ましたが、その第5巻は『尊徳・梅岩』であり、尊徳と梅岩が一緒になって1巻が構成されているからです。

戦前のわが国を代表する哲学者で、京都大学の西田幾多郎教授（1870〜1945）と並び称せられた西晋一郎（1873〜1943　元広島文理科大学教授）は、その序文で、「梅岩・尊徳が説く道はわが国において学問の本筋というべきである」と述べています。そのことは今、多くの人が心の師とする森信三氏も同様に梅岩と尊徳の思想こそ日本人が学ぶべきものであると述べています。

つまり、梅岩・尊徳の2人が自らの生活を通して学んだ理論は、当時、最高峰の哲学者と言われた人物から、立派な学問であると保証されたのです。

▼奉公の中で見つけた自分の生き方

梅岩も尊徳も、独学で自分の哲学を編み出しました。その独学の基は、奈良時代から伝わる神仏儒（神道・仏教・儒教）の教えです。2人が説いた哲学は、当時の商人・百姓・職人たちがどう生きればいいのか、その具体的な道を示す大衆哲学とも言うべきものです。その哲学を江戸時代そして明治・大正・昭和の戦前の日本人は生き方の糧にしてきました。

石田梅岩は、今の京都府亀岡市の郊外の農家の次男として生まれ、10歳の頃、京都の商家に奉公に出ましたが、その商家が経営不振に陥ったため14歳の時に実家に戻り、8年間農業に従事し、22歳の時に再び京都の呉服商に奉公したのです。実家に戻って8年間、梅岩がどう過ごしたのかは資料がないために全く分かりません。

これは私の推測ですが、私が現地を訪れて分かったことは、実家の近くに禅宗の春現寺があり、その寺の書物を読書家で論理派の梅岩は農作業の合間に読みつくしたと思われます。ちなみに、この寺は石田家本家の祖先が開いた寺と言われ、ここで毎年9月24日に石田梅岩墓前祭が催されています。

梅岩は2度目の奉公に出る時、将来は商人の生きる道を説く人になりたいと語っていますが、そういう思いを抱いたのは、最初の奉公先が経営不振に陥ったのを見て、そういう状況を避けるには、商人は一体どう生きたらいいかを究めようと考え、その結果を将来は世に問いたいという願望を抱いていたに違いありません。

2度目の奉公先である黒柳家は、本願寺の信徒で信仰心の厚い商家（呉服商）でした。

梅岩はそこで20年間働き、丁稚から手代を経て番頭になりました。その間、どんな仕事も真面目に取り組み、陰日向《かげひなた》なく働く勤勉家の彼は主人に高く評価され、仕事以外の時間は好きな学問に充てることを認められたのです。

そこで彼は、毎朝、同僚が寝ているうちに起きて、窓辺で書を読み、夜は、みんなが寝た後も学問に打ち込みました。さらに休日には京都に在住するその道の専門家を訊ね、講釈を聴いて歩きました。

そして番頭を務めた後は、本来ならば本家から暖簾分けしてもらい、独立できるわけですが、彼は42歳で奉公を辞して、師匠・小栗了雲の弟子となり、さらに修行を重ねました。

２年後、新しい悟りを得て、学問上の疑問を解決し、師匠が亡くなったのを機に、44歳の時に自宅で商人道の講座を開講したのです。聴講自由・入場無料・女性も歓迎というそれまでになかった形式の公開講座を始めたのです。

講釈の評判は次第に京都中に広まり、商人はもちろん、農民も武士も女性も参加するようになりました。彼は20年に及ぶ商いの現場で商売の裏表を知りつくし、その上にあくなき研究熱心さで学問を身につけていたことから、実際に役立つ講釈ができたからでしょう。

彼の講座は受講者との問答を大切にし、講釈・問答・瞑想・実践を４本柱としたのです。しかも言行一致の生活態度を守った梅岩の人柄と説得力ある講釈は、受講者の心を動かしました。そして彼の実践哲学を実生活に活かした受講者の中から、商売を繁盛させ、人生を好転させていった人が数多く現れました。その状況からして、梅岩の人気が高まるのは当然だったのです。

▼武士と商人は同等

では、梅岩の説く哲学はどういう内容だったのでしょうか。それは彼が遺した2冊の書、『都鄙問答《とひもんどう》』と『倹約斉家論《けんやくせいかろん》』に示されています。

両書は織物の縦糸と横糸に相当し、簡潔に表現すれば『都鄙問答』は理論編、『倹約斉家論』は実践編ということになります。『都鄙問答』の特徴は、武士は所属の藩から禄をもらって生きている職種に対して、商人は勤勉に働くことで世間から儲けという禄をもらう職種であり、両者は職種の違いだけであり、本来、身分上に上下の差別はないとしています。

したがって、商人は正々堂々と儲けていいのであって、富を得るのに遠慮はいらないと主張しています。ただし、世間の信用を得て長く商売繁盛を図るためには、世間の批判を浴びるような行為は厳しく慎むこと、すなわち倹約・正直・忍耐・勤勉・感謝の徳を身につけ、人として恥ずかしくない生き方に徹すべきであるとしています。

▼**売り手よし・買い手よし・世間よし**

これに対して『倹約斉家論』は、倹約とは己の欲望を節約することであるとし、どんなに儲けてもそれを浪費せず、商売のために、また自己練磨のために再投資し、さらに世間のための奉仕にも投資することを説いています。

そこに「三方良し」(売り手よし・買い手よし・世間よし)の商法が示されています。つまり、倹約をすることで、「己を磨く→家をととのえる（斉える）→国が治まる」という良き流れを形成していく「修身斉家治国平天下」の儒教の基本を述べているのです。

梅岩は、倹約をすることで我欲を抑えれば正直に生きることを促すことから、倹約と正直は裏表の関係にあり、それができれば自ずと勤勉になり、世間への感謝の気持ちに繋がるとしています。この考え方が次第に江戸時代の庶民の生き方の根底となっていきました。

その一例として、梅岩より32年後に生まれ、１７１７（享保２）年に大丸を創業した下村正啓が遺した31条からなる秘法の遺訓『主人心得之巻』（主人・親族の長・本店の支配人のみ読むことができた）があります。最後の１条は次のような文言になっています。

「正直・実直であることほど、商人の立身のためにふさわしいことはない。他人が『あいつはあほうだ』といおうが何といおうが、まったく気にしないで正直・実直を貫く人こそ

が、商家の主人にふさわしい人物である。聖賢たちも皆『正直・実直こそがもっとも重要といっているではないか』」（現代語訳）

ここに倹約に徹し正直に生きることを心掛けた当時のまともな商人の生き方が、見事に示されているではありませんか。

第4節　伊能忠敬に学ぶ――「一身二生」を実践

▼日経入社時から独立志向

3番目は伊能忠敬です。後半生の自分の生き方を探るのに欠かせない人物だからです。このところ定年後の人生をどう生きるかというテーマの本が数多く出版されています。それだけ後半の人生の生き方を模索する人が急速に増えている現実があるからです。あるいはサラリーマンから転身し独立人生を歩むことを考えている人も、またそうした本を読むものです。私もそうでした。

私がサラリーマンだった昭和34（1959）年から54（1979）年の時代は、日本全体が経済的に順調な歩みを続け、給与も年々昇給していました。しかも大学卒業で大企業に入社した人は、よほどのことがない限り、それなりに出世できた時代でした。ですから途中でサラリーマンを辞める人は少なかったのですが、それでも勤めを辞めて独立することを夢見る人も潜在的には存在していました。

その当時、漫画家として人気のあったサトウサンペイ氏は、氏が講演している時に聴衆に居眠りする人が出てきた時は、氏が大丸百貨店を退社して漫画家になった時のことに触れると、聴衆はいっせいに目を開いて聴き入ったといいます。

これはサラリーマンの中には実際には独立しないけれども、内心では独立願望を抱いている人が当時からかなりいたことを示す一例です。このサトウサンペイ氏ような体験は、講演家の私にも数多くあります。

ところで私は日経入社時から将来は独立することを考えていましたので、人生の後半で自分に賭けて成功した人の本に出会うと心して読んだものです。

今回ここに取り上げた4人はまさしくその成功者たちですが、とりわけ伊能忠敬は、勤めを辞めて独立する人には大いに参考になる人物です。私も日経時代に忠敬に関する本をかなり読みました。現在では、忠敬の本をネットで検索するとその数の多さに驚かされます。

私は昭和54（１９７９）年3月1日で正式に日経を退社し、その翌々日の日曜日、妻と一緒に当時の千葉県佐原市（現在の香取市佐原町）の伊能忠敬記念館を訪ね、独立に少しでも参考になればとの思いで、館内に陳列してある忠敬の業績を示す数々の記録と遺品をじっくり見て回りました。そこで感じた様々な思いは今なお脳裏に焼きついています。

▼成功の4つのカギ

その第1は、彼の成功の礎は、前半の人生で佐原の代表的な商人として、また名主として身につけた問題解決能力とリーダーシップと彼が生来合理的な精神の持ち主で実際に数学・暦学（天文学）・測量技術に秀でた才能を持っていたことです。

つまり人生の前半でどれだけ仕事を通して世間に役立つ能力を磨いてきたか、その積み重ねが後半の人生を成功に導く動因になるということです。

第2は、後半の人生における地図作成の仕事に対するエネルギーの源は、彼が地図作成の過程で培った使命感であったことです。日本のためにこの仕事を何としても完成させなければならないという強烈な思いが、数々の困難を乗り越える力になったのです。

第3は、隠居した後の猛勉強振りでした。忠敬は50歳の時に、佐原一の商家の家督を息子に譲って江戸に出ました。そして幕府天文方の高橋至時《よしとき》に師事して暦学を正式に学び、師匠が驚くほどの速さで暦学をマスターしていきました。それだけ彼の潜在的な理数系の才能は他を圧倒するものがあったのです。

第４は、暦学を学んでいくうちに、緯度一度の距離を確定し、そこから地球の大きさを知りたいとの強い願望を抱くようになったことです。

そのためには遠距離の北海道の地点と自宅の地点の緯度の差を計る必要があることから、裕福な忠敬は、費用（現在の金で約２０００万円）は自分で負担するから北海道の測量をさせてほしいと幕府に願い出ました。この申し出は幕府の思惑と一致したため、一民間人による東北から北海道までの地図作成が認められたのです。

それがきっかけとなって、忠敬55歳の時から亡くなる73歳までの18年間、近代的な日本地図の制作に打ち込むことになり、ついに当時の世界レベルの精緻な日本地図の完成に繋がって行ったのです（忠敬の死後3年目に弟子たちにより全地図が完成しました）。

商家の主人としての前半生、地図作成のリーダーとしての後半生と、まさ「一身二生」を見事に実現した典型的な人物であったことを、記念館で妻と共に再確認したのです。

忠敬が作成した日本地図を、当時の世界はどう見たのかを知るエピソードがあります。

明治維新の7年前の１８６１年、英国の艦隊が3隻来日し、幕府の許可の下に日本近海の測量をした時のことです。ワード司令官が幕府の役人が持っていた忠敬作成の地図を見て、自分たちの測量した地図と見比べたところ、見事に一致したのです。

司令官はこの忠敬の地図があれば、改めて測量の必要なしとして、横浜のオールコック公使と相談し、幕府から忠敬地図を譲り受けて帰国しました。

英国に伝えられた忠敬の地図がベースとなり、１８６３（文久３）年に英国で日本図が刊行されました。世界で最初の正確な日本図として大きな評判を呼びました。

以後、忠敬の地図は１８２１（文政４）年に完成されてから、１９２９（昭和４）年まで１００年余にわたって、正式な日本地図として世界で使用されたのです。

▼変わらぬ精神「年中無休・24時間受付」

この忠敬の人生を私自身の生き方に置き換えた場合、私はどう生きればいいのか、独立後に改めてじっくり考えました。そして次のように自分なりの生き方を描きました。

私の前半の人生の中心は日経時代の20年間に相当します。この間は勤務先の日経に私の人生を預けたようなもので、会社の業務命令通りの仕事を黙々とやり遂げることに懸命でした。

当時、私は昨今のように労働基準法違反に当たるとか考えることもなく、がむしゃらに働きました。それは私ばかりでなく職場の仲間もみんなそうでした。幸い妻はそのことに対して、一切不平は言いませんでした。私としては休日を返上しての仕事に出る時など、妻には家族サービスができないで申し訳ないなと思いながらも、これは宿命だと受け止め、仕事に没頭したものです。当時はそうした自己犠牲が当たり前の時代でもありました。

このことは、忠敬が佐原の商家の娘の婿養子になり、好きな暦学を学ぶことを自らに禁じて、傾きかけていた商家の経営を立て直すことに必死で取り組んだことと、どこか似ています。したがって忠敬が17歳で養子になり50歳までの33年間、伊能家のために自己犠牲に徹した彼の生き方に私は大きな共感を抱きました。

その前半の自己犠牲に徹した人生があったからこそ、隠居後、好きな暦学を必死で学び、その成果を求めて日本全土の地図作成にのめり込んだ後半の人生が成り立ったのです。

私の場合も同じです。前半の人生では会社のために時間を投入した日々でした。だから後半では、自分がやりたかった講演と執筆の仕事で、前半の人生の過程で学んだ「心構え」を能力と捉え、それを磨くことの重要性と、その心構えをベースとした人生１００年時代の生き方の両面から、人間どう生きるべきかを広く世に問うことに全力で賭けてきました。

私の名刺に「年中無休・24時間受付」の文言を刷っているのは、その全力投球の気持ちを表現していることでもあるのです。

忠敬のように、死ぬ間際まで仕事一筋に生きた人物の存在を知ると、私たちも後半の人生においては、自分の仕事に命懸けで臨むべきです。

そうした生き方に徹すれば、地位や名誉にこだわることなく、人生を堂々と生きていくことができるようになるものです。

第5節　二宮尊徳に学ぶ――心田開発を貫く

▼『代表的日本人』

現在の日本人は健康には異常なほど関心を抱いています。テレビ・新聞・雑誌などのマスコミ情報に健康に関するものがない日はありません。しかしながら、それは全て身体の健康に関するものばかりで、心の健康増進に関する情報を目にすることは滅多にありません。

この現象は人々が「心を磨く」と「身体の病気から守る」の2つは本来一心同体であることを忘れているからだと言えましょう。

元々、身体の健康は心の健康とは表裏一体の関係にあります。ですから「健全な精神は健全な身体に宿る」(a sound mind in a sound body) という諺が洋の東西にあるわけです。

ここでいう心の健康とは、日々の行動と考え方において良き習慣を実践することを指します。つまり心の姿勢である心構え（＝心的態度）は良き習慣を絶えず行うことで形成されていくのです。

このことに気づいた人が二宮尊徳（１７８７～１８５６）です。尊徳は明治維新の12年前に亡くなっていますが、明治の人は尊徳の存在を身近に感じ、尊徳の残した名言から日本人としてのまともな生き方を学んだのです。そのこともあって、戦前発行の教科書に最も登場した人物は明治天皇でしたが、民間人では二宮尊徳だったのです。

尊徳を崇拝し、その生き方に学んだ人物の一人が、思想家で代表的なクリスチャンでもあった札幌農学校出身でアメリカにも留学した英語通の思想家・内村鑑三でした。

彼は１８９４（明治27）年に、日本を欧米に紹介するために『Japan and Japanese』と題する英文の著作を世界に向けて刊行しました（現在では、これが翻訳されて『代表的日本人』（岩波文庫）となっています。

この本は当時の欧米の知識人に広く読まれました。彼は発刊10年後の１９０４（明治37）年に、この本に対する欧米諸国の反響についてこう綴っています。

「これを読んで、英米人がもっとも驚嘆したのは二宮尊徳先生であったという。彼らには、日本にこのような高潔偉大な聖人が存在していたとは意外であったようだ。もし欧米人が詳しく先生の性行・閲歴を知り得たら、恐らく先生は、世界における最高最大の人物に数えられたであろう。イギリス人がシェイクスピアを生んだことを光栄となすように、わが日本人は、二宮尊徳先生を有することにおいて最高の光栄となすべきではなかろうか。私が理想に近い人を求めるとすれば、先生がその人である」

（『内村鑑三全集』第12巻235頁）筆者意訳）

▼稲盛氏が絶賛

明治維新前後に生まれた日本人は、このように尊徳をはじめ江戸時代に活躍した代表的日本人を誇りに思い、その人たちの言動に学び、心から敬意を抱いたのです。

しかしながら心の健康を重視することを忘れつつある現在の日本人の中には、日本が生んだ偉人に対して、日本人としての誇りも敬意も持たず、むしろ「過去の人」として無視する人がかなりいるのではないでしょうか。

そうした状況を作りだしたのは、戦後の家庭・学校・企業内の教育にあります。

その証拠に日本では偉人伝が年々読まれなくなったことが挙げられます。偉人が多くの困難を克服して偉業を成し遂げた軌跡から心の在り方を学ぼうとする謙虚な気持ちを抱く姿勢を、戦後の教育は打ち砕き、むしろ偉人を敬うことを否定する空気さえ作ってきたからです。

年齢的には私の4年先輩の稲盛和夫氏は現代の偉人の一人といえます。反日色の強い中国でさえ、心ある経営者の間で最も尊敬されているのは稲盛和夫氏だそうです。それは氏の実績もさることながら、氏の生き方が人間として尊敬に値することは良識派の中国人なら分かるはずだからです。

稲盛氏は二宮尊徳について次のように書いています。

「二宮尊徳は生まれも育ちも貧しく、学問もない一介の農民でありながら、鋤一本、鍬一本を手に、朝は暗いうちから夜は天に星をいただくまで田畑に出て、ひたすら誠実、懸命に農作業に努め、働き続けました。そして、ただそれだけのことによって、疲弊した農村を、次々と豊かな村に変えていくという偉業を成し遂げました。

その業績によってやがて徳川幕府に登用され、並み居る諸侯に交じって殿中に招かれるまでになりましたが、そのときの立ち振る舞いは一片の作法も習ったわけではないにもかかわらず、真の貴人のごとく威厳に満ちて、神色さえ漂っていたといいます。

つまり汗まみれ、泥まみれて働きつづけた『田畑での精進』が、自身も意識しないうちに、おのずと彼の内面を深く陶冶し、心を研磨して、魂を高い次元へと練り上げていったのです。

このように、一つのことに打ち込んできた人、一生懸命に働きつづけてきた人というのは、その日々の精進を通じて、おのずと魂が磨かれていき、厚みある人格を形成していくものです。

働くという営みの尊さは、そこにあります。心を磨くという宗教的な修行などを連想するかもしれませんが、仕事を心から好きになり、一生懸命精魂込めて働く、それだけでいいのです。

ラテン語に『仕事の完成よりも、仕事をする人の完成』という言葉があるそうですが、その人格の完成もまた仕事を通じてなされるものです。いわば、哲学は懸命の汗から生じ、心は日々の労働の中で練磨されるのです。

自分がなすべき仕事に没頭し、工夫をこらし、努力を重ねていく。それは与えられた今日という一日、いまという一瞬を大切に生きることにつながるのです。（中略）

そのような愚直なまでの生き様を継続することは、平凡な人間をやがて非凡な人物へと変貌させるのです。

世の『名人』と呼ばれる、それぞれの分野の頂点を極めた達人たちも、おそらくそのような道程をたどったにちがいありません。労働とは、経済的な価値を生み出すのみならず、まさに人間としての価値をも高めてくれるものであるといってもいいでしょう」

（『生き方』サンマーク出版　２００４　23頁）

▼心田開発

この一文は、真面目に仕事一筋に生きる人への応援歌だと思います。それはまた、いつも講演で「地味に、こつこつ、泥臭く」生きることを訴えている私の心の支えの言葉でもあります。

稲盛氏の説く生き方を自分のものにするには、尊徳の言う「心田開発」を続けることです。心田開発とは、田畑の雑草を取り除けば作物がよく実るように、毎日、心を磨き直す良き生活習慣を実践し、心の雑草である「楽したい・遊びたい」という怠惰な気持ちを取り除くことです。言い換えれば、我欲を取り除き、倹約・正直・勤勉・感謝の心で、目の前の仕事に懸命に取り組むことです。

昨今の日本は「ゆとり教育」も影響してか、懸命に働くよりも余裕のある働き方がよいという、仕事に遊びがあってもいいとする考え方が出てきていますが、それは欧米先進国の人々の発想に過ぎません。

日本人は懸命に働く中で、多くの気づきを得て、創造的なアイディアを手にできる民族です。怠惰な働き方からは何も生まれません。だからこそ終身現役を貫く人は、共通して勤勉であり真面目な生き方に徹しているのです。尊徳はそうした生き方を貫いた私たち凡人が模範とすべき偉人なのです。

第4章

心構えを磨き続ける習慣を死守

第1節　心構えを磨くことが人生を上手に生きるコツ

▼忘れつつある心構えを磨く習慣

パソコン（スマホ）が国民の間で急速に普及したことで、人々の生き方が一変しました。パソコンやスマホによるインターネットの活用で、個人でも全世界に情報網を築くことができるようになりました。その結果、欲しい情報が簡単に手に入ることができ、またメールの交換で他者との交流も容易になりました。

それによって私たちの生活は格段に便利になり、今ではパソコン（スマホ）なしでは生活できないほどです。特に若い世代ではスマホが生活の中心になっています。

平成29年度の『情報通信白書』によれば、スマホの個人所有率は、20代～30代ではほぼ100％近くになっています。まさに今やスマートフォン社会と言える時代です。

世の中の人々がこのような情報ネットワークの中で生きるようになると、これまで人間が築いてきた農業社会から鉱工業社会への歴史の中で必須とされてきた、人々の生活の基本であった心構え（心的態度・人間力）を磨く習慣が、次第に忘れ去られようとしています。

心構えを磨く生活が疎かになるにしたがって、当然ながら家庭内のトラブルや組織内における人間関係の悪化が増えていきます。そのこともあって、政府は心を磨くための「道徳」教育の振興に力を入れ始めましたが、若者の多くはその動きに無関心です。

社会一般も哲学や倫理学などの心の学びよりも、目の前の情報収集に関心が強くなるばかりです。心構えを磨く習慣は、残念ながら人々から敬遠される方向に流れていっています。こうした傾向を放置していけば、私たちの間でいつの間にか人間性の劣化が起きていきます。

一方で、そうした心の劣化傾向を憂うる心ある人の存在もかなりいます。その証拠に、心を磨き人間力を高めるための月刊誌『致知』（致知出版）の発行部数がこのところ着実に伸びているからです。

私はこの『致知』の発展が続くことを願っています。ＩＴ社会が進展すればするほど、心を磨くことの重要性を人々が認識していくことが、人間性の劣化を防ぐ上で欠かせないからです。

40年前に私は社会教育家として独立し、日々、心構えを磨くことを訴えてきました。このことは時代を超えて大切なことですが、パソコンが普及し始めた２０００（平成12）年頃から、人々の関心がＩＴ（情報技術）関連の物事に年々傾斜していくことを体で感じてきました。

この傾向を止めることはできませんが、その中にあって「心構えを磨くことを軽視してはならない」「心構えを磨くことが人生を上手に生きるコツなのだ」と、今も私は講演・執筆で訴え続けています。この私の生き方を時代遅れだと言う人もいますが、それは人間社会のことが本当には分かっていない人たちの批判だと思います。

▼ダルマが倒れないわけ

私たちの生活で最も大切なのは、「絶えざる基本徹底」と「絶えざる自己革新」の2をしっかりと維持することです。しかも前者へのウエイト付けが8割、後者は2割とされています。生きていく上での基本である心を磨き続けることが、人生で最も大切であることを8割という数字が示しています。この8割の重みづけの意味が分かって「絶えざる基本徹底」を実践していくことが、実は生き方上手の道なのです。

私はそのことを講演の中で、ダルマの例を引いて説明してきました。

つまり、ダルマが倒れてもすぐ起き上がるのは、ダルマの底部に重い鉄魂《てつこん》が取りつけられているからです。この重い鉄魂のおかげで、ダルマは倒れても倒れても起き上がることができるのです。

この鉄魂の重量は、ダルマ全体の重さの8割に相当します。これを人間の場合に置き換えると、鉄魂は心構え（心を作る習慣・心的態度・二宮尊徳はこれを心田と表現した）に当たります。この心構えを毎日磨き続けていると、その心構えが他の能力を支え、間違いを正し、失敗してもまた起き上がらせ、やり直す人生を歩んでいけるのです。

ですから心構えは、人間を動かす機関車の能力であり、客車に当たる他の能力（知識や技術）を引っ張る役割を担っているのです。どんなに立派な知識や技術を有していても、心構えが磨かれていかないと、そうした能力を長い間にわたって十分に活かせないのです。成功の人生を歩む人が、心構えを最大の能力として、これを毎日磨き続けるのは、そうした理由からです。

心構えとは「心を作る習慣」であり、それを構成する主要な要素は、①積極性、②明朗性、③利他性の３つであり、それを各々どう磨くかが大事なのです。

▼積極性とは勤勉という意味

積極性は勤勉性と言い換えてもかまいません、勤勉に生きることを持続していけば、自ずと積極性が身につくからです。

職場で働く人を見ていてわかるのは、早く出勤し真面目に仕事を処理していく人は、総じて積極性に富んでいます。事業を立ち上げて成功していく人も、仕事に成功しなおかつ長寿に恵まれる人も、やはり勤勉で積極性に満ちています。このことは洋の東西を問いません。

スタンフォード大学教授のルイス・ターマンは、1921（大正10）年、カルフォルニアに住む10歳前後の児童1526人を対象に性格を分析し、その後どのような人生を歩んでいくのか、5～10年おきに個別にインタビューを行う形式で追跡調査の研究を開始しました。

ターマンが1956（昭和31）年に79歳で亡くなった後は、カルフォルニア大学リバーサイド校特別教授のハワード・S・フリードマンがその調査研究を引き継ぎ、調査開始から90年後の2011（平成23）年に、調査結果を『THE LONGEVITY PROJECT』というタイトルの医学ノンフクション書として一般読者向けに発表しました。

これほどの長い年月を費やして追跡調査をしたものは過去に例がないこともあって、その結果にはこれまでの医学の常識を覆す内容が示されており、大きな反響を呼んだのです。

この研究で判明した最も重要な点は、幼少時から「conscientious」（勤勉性）度の高い人ほど、成人後も堅実な生活を送り、成人病にもかかりにくいために長生きし、成功の人生を送っているという事実が判明したことです。

これは、一般に真面目で勤勉な人は何事も一所懸命になりすぎて、ストレスを溜めて長生きできないと言われていたこれまでの定説を、見事に覆す結果を示しているのです。

私はフリードマン教授の本を読んだ時、「勤勉に生きる」ことの大切さを説いてきた私のこれまでの講演・著作に対して、それが間違いではなかったと知り、秘かに自信を抱いたものです。

その後、２０１６（平成28）年には東京大学社会科学研究所でも４５００人を対象に中学時代の行動に関する研究で、勤勉性・真面目さ・忍耐力に秀でた人のほうが、その後の社会人の生活で年収面でも、そうでない人よりも大きく差をつけていることが示されています。

このように欧米社会でも日本でも、勤勉に生きることはよりよく生きる決め手であることを、いろいろな学術調査で分かってきているのです。

人類の長い歴史の中で培われてきたこの生きる上で最も重要な「勤勉に生きる」という基本法則を、私たちはどんなに時代が変わっても、決して放棄してはならないのです。

第2節　勤勉に生きる決め手となる2つの習慣

前節で勤勉性の大切なことに触れましたが、ではどのような点をチェックしながら、勤勉に生きることを具現化していけばいいのでしょうか。そのポイントは2つです。

▼一点集中

1つは、勤勉に生きるための第1の習慣は「一点集中」です。

私たちは、できれば生きていくプロセスで自分なりの独自の人生を最終的には確立したいものです。そのためには生活していく上であれこれやりたいとする我欲を抑えて、できるだけ一つのことに集中し、それに全力投球で臨む姿勢を保つことが重要です。その結果、自分なりの人生を早く確立していけるからです。

そのためには自分にとって今すぐやる必要のないことは、思い切ってカットしていく生き方を選ぶことです。とにかく一点集中の生き方に徹して、我欲を削ぐことに意識を集中することを心がけることです。仕事のよくできる人は、そうした気持ちを強く抱いています。

そうするには、自分が今日一日、一体何に向けて努力を集中しなければならないか、その努力目標を明確にすることです。つまり緊急度・重要度の順にやるべきことに優先順位をつけて紙に書き、その順番にそって一つひとつ成し遂げる習慣を日々実践していくのです。

具体的には、夜寝る前に、明日やらねばならぬことをノートに列挙し、列挙した項目に優先順位をつけてから床に就くのです。翌朝起きたら、必ずその順番にそって行動を開始するのです。

優先順位1番目の項目ができたら2番目に移り、それができたら3番目というふうに上位の項目から次々に処理していくのです。そして書き出した項目の上位2割は、やり遂げることに努力を集中します（できなかったことは、翌日以後に繰り越していけばいい）。

なぜ上位2割かと言えば、「上位2割は全体の8割に相当する」という「80＝20の法則」（別名「パレートの法則」）が働くからです。80＝20の法則は、なすべき仕事にウエイト付け（重み付け）をし、緊急度・重要度の高いものから行うことの重要性を示唆しているのです。

この法則は、スイス・ローザンヌ大学の経済学教授であったイタリア人のヴィフレド・パレートが1897（明治30）年、19世紀の英国における資産の分布を調査している時に、

「わずか上位20％の人たちによって、資産総額の80％が占められている」という富の分布に法則性があることを発見したのです。さらにパレートは、この法則性が、時代を超え、国を超えて、あらゆる事象に認められることをデータで再確認したのです。

この法則性を仕事の処理に応用することで、重要案件が次々と処理できることにもつながっていくのです。上位2割の仕事が処理できれば、価値的には全体の8割の仕事が処理できたことになります。全体の8割の仕事ができれば、成果としては上々です（試験答案で100点満点の試験で80点取れれば、優秀な成績と見なされるように）。

この法則を日々の仕事に活用することで、一点集中の意欲は高まり仕事の能率と成果がグンとあがります。

私はこの法則を日経マグロウヒル社時代に知り、どうしても自分でやらねばならぬ仕事だけに努力を集中し、人にやってもらえばいいものは、どんどん部下に任せる方式を採ったおかげで、仕事の能率を飛躍的に上げることができました。

▼不足している筆マメ

2つは、勤勉に生きるための第2の習慣としての「3マメ」についてです。

3マメとは「口マメ（電話マメ）」「手マメ（便りマメ）」「足マメ（訪問マメ）の」習慣

のことです。最近は携帯電話・スマホの利用で「電話マメ」の習慣は過剰と思われるほど実践されていますし、車の利用で「訪問マメ」も昔に比べると良くなりました。ところが「便りマメ」は顧客に対する便りをマメに書くことを意味しますが、このマメだけは苦手意識を持つ人が多いのか、他のマメほど盛んに活用されていません。

昨今は電子メールの活用が盛んですが、それも友人・知人の間の親しいコミュニケーションツールとして使われ、仕事上で大切な顧客にお礼・感謝・祝福・慰労などの便りとして、迅速な対応の手段として適宜に活用している人は意外に少ないようです。

今日では、目上の人への便りにおいても、あまり形式にとらわれずに書くことが許されるようになりました。ですから相手に慶弔の出来事が起きた際には、即座にお祝いやお悔やみの便りを出すとか、先方様から便りをもらったら、いち早く返事を出すなど迅速に対応することです。

こうして相手に対するきめ細やかな対応をマメにしていく人に対して、世間は好感を抱くことから、その人にファンができ、同時にチャンスも与えられるようになるのです。

筆マメの大切さが分かっていた森信三氏は常々こう語っていたそうです。

○手紙の返事はその場で片づけるが賢明。丁寧にと考えて遅れるより、むしろ拙速を可とせむ。

○縁なき人の書物を数十ページ読むことが大事か、それとも手紙の返事を書くほうが大事か――このいずれかをとるかによって、人間が分かるともいえよう。

前者は即時対応（クイックレスポンス）を推奨する言葉です。それに対して、後者は縁を得た人への便りの重要性を説いており、マメに便りを出すことが知らない人の本をたくさん読むことよりも大切だということです。

この森信三氏の指摘は、世の中を広く見つめてきた人なら、よく理解できることです。最近の私は、年下の人に便りを出す場合が多くなりました。ところが、年上の私からの便りに対し、全く無反応な人がいます。

私の場合は、人から便りをいただいた時は、素早くお礼のご返事を出すことにしています。特に年齢的に先輩の方からの便りに対しては即時対応を心がけています。

そのことを心がけている私だけに、こちらの便りに返事がない人に接すると、この人は人間としてはもうひとつだなと思ってしまいます。この私の心理は、便りを出した人の一般的な心情ではないでしょうか。

そのことを考えると、「筆マメ」は他者との差別化を図るための欠かせない決め手と考えられます。ですから人間関係を良好に保つことを心がけている人は、筆マメを最も重視しているわけです。

幸いに今はメールの時代ですから、返信機能を活用して筆マメを積み重ねながら、大切な人とのご縁は自分からは切らないように心がけたいものです。

私の講演や著作に接したことで人生を好転させていった人は、共通して筆マメな性格の持ち主です。年賀状や暑中見舞いの便りで、あるいはメールで時に応じて現状報告をしてくれています。

そういう関係が構築されると、私もまた諸々の情報をいち早く知らせてあげることになります。こうすることで、お互いに貴重な情報を提供し合うことができるようになります。この個別の人間関係による情報収集が、本当の貴重な情報を手にすることにつながるのです。

第３節　明るく生きるための習慣

▼松下幸之助翁から学ぶ

相手に明るい印象を与えることのできる人は、生きていくうえで得します。松下幸之助氏は、社員採用の面接試験では、素直な人を選んだそうです。素直な人は明るく元気な印象を人々に与え、それが仕事を進める面でも有利に働くからです。

松下幸之助氏の傍で20年余にわたって秘書を務めた江口克彦氏は、薫陶《くんとう》を受けた松下幸之助氏に関する著書を数多く発刊し、さらにＰＨＰ研究所の社長となり、最後には参議院議員を一期務めるなど政界でも活躍した人です。その江口氏が次のように述べています。

「松下幸之助は『自然の理法は、いっさいのものを生成発展させる力を持っている』と考えた。だから、素直な心になって、自然の理法に従っていれば、うまくいく。世の中は成功するようになっている。

ところが、私たちにはなかなかそれができない。自分の感情にとらわれる。立場にとらわれる。かえって状態を悪くする。無用な苦労をする。望むような結果が得られない。一人ひとりのとらわれが、争いになり、つまるところは戦争にまで至る。（中略）

『それがうまくいかんというのは、とらわれるからや。素直でないからや。だとすれば、素直でないといかん、と。素直な心が人間を幸せにし、また人類に繁栄と平和と幸福をもたらすものであると、わしはそう考えるのや』」

（『松下幸之助は「素直な心」が成功の要と考えた』東洋経済ONELINE　２０１６年7月29日号）

この一文を読んだ時、私はすぐ梅岩を思い出しました。梅岩の項で述べた通り、梅岩は商人たちに〝ありべかかりの心〟（生まれながらの正しい心）、すなわち純粋な心で、商売に対して辛抱強く勤勉に取り組めば、次第に顧客の信用・信頼を得ることができ、その結果、商売繁盛につながる、と説きました。そして、そのためにも倹約に徹して我欲を抑え、正直な心で顧客中心に働き、勤勉一筋に生きることを強調したのです。

梅岩の〝ありべかかりの心〟は、松下氏の「素直な心」に通じるものです。そのために私たち後世の人間は、梅岩の本を読んだ時に、松下氏も梅岩の本を読んだに違いないと思うものです。しかし、どんなに松下氏の著した本を読んでも講話のテープを聴いても、梅岩の話は一切出てきません。これはどういうことなのでしょうか。

私は講演の中でよく梅岩の話を例に出すことがありますが、その時、京都や大阪の事業主の方々は「おお梅岩さんか」と親しみの表情をもって聴いてくれます。

明治維新後、全国に１７０余か所にあった石門心学を学ぶ心学講舎は、一つひとつ消えていきました。しかし石門心学の中心地であった関西地区では、事業主の心の中には心学の精神が今なお生きていることを、この事例は示していると言えます。

松下氏は９歳の時（１９０８年、明治維新の40年後）に大阪の商店で丁稚奉公をしていきます。その頃の大阪商人には石門心学の教えがかなり強く残っていたと考えられます。その影響で松下氏も幼心に知らず知らずのうちに、梅岩の精神が宿ったものと思われます。

▼起業家は西日本に多い

私の講演には「商売繁盛の法則」と題するテーマが選ばれることがよくありますが、そうした商売・商業・商人道に関する講演が求められるのは、名古屋から北の関西地区です。またベンチャービジネスの研修会も圧倒的に関西・中四国・九州の西日本で行われています。

実際にベンチャービジネスを立ち上げ、大企業にまで成功させた事業主の多くは、西日本の出身者です。松下幸之助氏はもちろん、京セラの稲盛和夫氏・日本電産の永守重信氏・ソフトバンクの孫正義氏・ユニクロの柳井正氏・楽天の三木谷浩史氏・ハウステンボスの澤田秀雄氏、ジャパネットたかたの高田明氏など、その多くは関西から以西の出身者です。

これは江戸時代に商売で生きることに勇気と自信を与えた石門心学の普及が、その背景に潜在していると私は考えています。つまりサラリーマンで終わってはならない、必ず何かの分野で独立自営の道を歩めという伝統的な考え方が、関西から西の地区には東日本地区よりも多く浸透しているからです。

▼素直で明るく

幕府が置かれた江戸は武士中心の社会であったことに対して、関西方面は商人が中心となっていた社会であっただけに、石門心学の思想も関西に広く伝わり、そのことが今になっても人々の生き方に無意識のうちに影響を与えているのだと思うのです。ですから、サラリーマンから事業主に転身する人も関西出身の人のほうが、今までは多かったのです。

しかし、こうした傾向は昭和生まれの人までのことだと私は考えています。なぜなら、わが国は１９９５（平成７）年、Windows95 の開発後、急速にパソコンが普及していき、それが現在の携帯電話・スマホ中心のＩＴ社会の出現につながりました。これによって情報格差が減り、どこに居ようと情報で損することのない社会になったからです。

Windows95 が普及し始めた１９９６（平成８）年、私は山陰地方のＮＴＴが主催する講演会に招かれた時、「もう東京も山陰地方も同時刻に同じニュースに接することができます。新聞は時間によって発行する紙面が違い、日経の場合、東京は14版でも、こちらでは12版しか読めませんが、これからはパソコンでどこでもみんな同じ情報が読めます。いい時代になりましたね」と話したところ、ＮＴＴの支社長は「まさしくその通りです。ですからこの地域ではパソコンの普及率が高く、私共のパソコン教室が大繁盛しています」

と語ってくれたことを覚えています。

当時の私は、この支社長の話を聴きながら、これから時代は急速に情報化社会になっていくに違いないと直感しました。この23年前の直感どおり、今の日本ではＩＴ社会が実現しています。

この間、私はずっと研修や講演会の現場に立ち続けたこともあり、ＩＴ社会の影響で、全国的に人々の考え方・生き方が大きく変わってきていることを目の当たりにしてきました。

その影響は、人々が簡単に情報の収集や発信ができるようになったことから、他人に対する批判や中傷が多くなり、次第に自分中心主義が横行するようになったことです。その結果、かつて日本社会の特徴であった共存共栄の雰囲気が弱まってきており、そのために素直さに欠ける人々が年々増えてきているように感じます。

素直さはとは、まわりの評価による受動的な性格表現です。そこには「あの人は素直だな」と人に感じさせる思いやりが根底にあり、相手を立てて自分の我を抑える心理が働いています。世間はそうした相手を尊重し自我の主張を控え目にする人を素直な人と受け止めます。

こうして他者から素直な人との評価を受ける人は、総じて明るい印象を周りに与えます。

自分の心を磨くとは、周囲に対する配慮ができ、人々に明るい感じを与える自分作りをすることです。それは常に素直な心で物事に接し、相手のことに思いをいたすという、利他主義の習慣を身につけることでもあるのです。

第４節　正直に生きるための習慣

▼約束を守る

「正直に生きる」とは、自分の本来の気持ちを誤魔化さず、ありのままに生きることを意味します。現代風に言えば、格好をつけないで生きることです。

そうするためには、自分に対して厳しく生きる姿勢を保つことです。自分に甘くなるとどうしても怠惰になり、それを誤魔化すためにどこかで自分を偽ったり、自分の正当性を無理に主張したりすることになります。

そのことは、子どもを見ていると分かります。親や教師の言うことをよく聴く子は、素直な子として可愛がられます。ところが育った環境がよくなかったことも手伝って、何かと言い訳をする子がいます。その場合、「あの子は素直ではない」と評価され、損な人生を歩むことになります。

私たちは、できれば正々堂々と生きていきたいものです。そうするには自分の怠惰な生活を隠さないですむように、自分のやるべきことはきちんとやるという自分に厳しい習慣を身につけることです。つまり自分との約束事は必ず守り通すことです。そのためには第2節で紹介した「80＝20の法則」を、毎日、日課としていけばいいのです。

私は仕事上、外部から様々な執筆依頼があります。その場合、締切日が設けられますが、私はその締切日をよりも早目に自分の締切日を決め、それまでに書き上げることを守ってきました。

おかげで「田中さんは締切日をきちんと守ってくれる」との評価を受け、雑誌の巻頭言などは、10年から15年にわたって依頼が続いたケースも何本かあります。

出版側の編集者にとっては、頼んだ原稿が締切日までに届くことを一番に望んでいるものです。ところが、この締切日を守れない執筆者が結構いることが編集者の悩みの種になっています。そういう人に限って、あれこれと理由を挙げて遅くなることを正当化しようとします。しかしそんな人は、次第に編集者たちから信頼されなくなり、執筆のチャンスを逃していくことになります。

▼竹内均氏の迫力

逆に次々と執筆依頼が絶えない人もいます。そういう人は間違いなく勤勉家です。約束を守る人は、つねに日々の生活を自律的に生きことを信条にしているからです。私は自律自助の勤勉な生活を続けている人を模範に生きてきたつもりです。その一人が東大名誉教授で世界的な物理学者であった竹内均氏（１９２０〜２００４）です。氏の勤勉な生き方を示す氏自身による一文をここで紹介しておきましょう。

「東京大学の教授をしていたころ、六〇年代末にはいわゆる東大紛争が起きた。教授時代の私は、毎日、朝に七時半に自分の研究室に入り、午後四時半になると大学を出て帰宅する。だから、七時半から十六時半まで、毎日きっちり大学で働いていた。

そんな教授は東京大学にも珍しいと思う。柿の木坂の自宅に住み始めたころ、近所の人たちは私が大学に勤めているとは思わなかったらしい。大学教授などというものは、昼頃にノンビリ学校にいくのが常識であって、こんな早朝に出勤するはずがないと思っていたのだ。

大学教授が昼頃に出勤するという、こんなバカげた常識があることにも驚いたが、こうしたイメージを作り上げたのは、大学教授という存在のなんとも鼻持ちならないエリート意識や甘えだろう。私はそうした特権意識が大嫌いなのだ。私が早く出勤することで、少しでも大学教授に対するイメージが変わればいいと思う。(中略)

昭和四十三年(一九六八年)ごろに大学紛争が起き、東京大学も封鎖されてしまった。そのときも私は朝の七時半少し前に赤門を叩き、門衛に言って入れてもらい、自由自在に大学に出入りしていた。

あるとき、私の研究室のある理学部三号館という建物が封鎖されたのだが、学生たちは朝寝坊で朝の九時ごろにやってくる。私は七時半にはもう大学へ入ってしまっていたから、外で学生たちが『タケキンがいるだろう。誰か行って引っ張り出してこいよ』とか『オレは嫌だ』ともめ始めた。ちなみにタケキンというのは、学生たちがつけた私の愛称である。そんなことを聞いた翌日、私は学生代表を呼びつけて『私が毎日七時半に来ているのは知っているだろう。だったら君たちは七時に来て封鎖すべきじゃないか。どうせやるならもっと真面目にやれ』と叱ったら、相手はアホ臭くなったのか、なにも反論しなかったことがある。

また当時、朝、大学に行ってみると学生が貼ったビラがある。それを毎朝、はがして回るのが日課となった。中にはけっこうな傑作もあり、はがすのはかわいそうな気になることもあったが、私はあえてそれを破って捨てた。

そのうち、学生たちは私の手の届かない天井にビラを貼るようになった。そこに書かれていた文句が傑作で『竹内先生、ビラをはがさないでください』とある。それもはがそうと思ったが、ユーモアもあるし、なにしろ手の届かない場所だ。

こうなれば、学生と私の間に、ある種の了解が生じる。あとから振り返れば、その了解も教育だったかもしれない。

このビラが撮影されて新聞に載り、『間もなく大学紛争は終わるだろう』という記事になった。実際、しばらくして大学は静かになったのだ。

その後、当時の乱暴な学生たちが私を訪れ、想い出を楽しく語らったことがある。『僕たちの相手を真剣にしてくれたのは先生くらいだ』などとお世辞を言ってくれるのだが、それなりの教育効果があったらうれしいと思った」（『継続の天才』２００４　扶桑社刊）

私は当時の東大紛争で教授たちが学生たちに取り囲まれ団体交渉でさんざん苛《いじ》め抜かれたことを知っているので、この一文を読みながら、あれほど暴徒化した学生たちも、勤勉な竹内氏を集会に引っ張り出すことはできなかった事実に接して、勤勉な生き方をしていると、いかに周りの人々の信頼と好意を勝ちとることができるものかを改めて痛感しました。

さらに竹内氏はこう述べています。

「自然科学者として生きてきた私にも、それなりに理解できたことがただ一つある。それは勤勉、正直、感謝を実行すれば必ずよい結果が得られ、この実行を欠ける場合は、それなりに必ず悪い結果が得られたということである。それは、まるで自然科学における自然法則のように狂いのない原因と結果であった」　『修身のすすめ』（講談社　1981）

この竹内氏の指摘はまさしくそうだと思います。私のわずかな経験からしても、勤勉・正直・感謝の3項目だけでも生活の中で実践していけば、一生涯の間で得られる効果は計り知れないものがあります。ですから私の講演や著作で竹内氏の『修身のすすめ』を推奨してきたのです。

竹内氏は東大時代も定年後の科学雑誌『ニュートン』の編集長時代も、偉ぶることなく謙虚な生き方を貫き、多くの人に親しまれ。終身現役の人生を全うされた方です。

第5節　利他的に生きるための習慣

▼少食のススメ

「利他」とは自分のことだけでなく他人の幸福や利益に貢献することをいいますが、そうした利他の精神に富み、世のため人のために貢献する人に共通するのは、少食家であることです。

米国の元大統領のオバマ氏、ロシアの大統領・プーチン氏、マイクロソフトの創業者・ビル・ゲイツ氏、元聖路加国際病院院長の日野原重明氏（1911～2017）などがその一例です。

少食家は食事に費やす時間や費用を節約し、その分を他人のために使うことができます。つまりは利他に生きることの第一歩が少食であると考えられます。

私が以前、少食家として注目したのは、本多静六氏（1866～1952）です。本多氏は戦前、旧制の東京帝国大学の教授として活躍し、傍ら巨万の富を築き、その財産を社会奉仕に投じ、自らは食事をはじめ質素な生活に徹したことは関係者の間で広く知られていました。

氏は学者としての専門書以外に300冊を超える一般人向けの著作を残していますが、その1冊に『健康長寿の秘訣』（実業之日本社　1978）があります。その中で、氏は節食について次のように述べています。

「私がいささか学びたる最新科学と、八十年間の実地生活から体得せる真理では、人間の精神と肉体（即ち物質）とは元々一つのもので、いわゆる霊肉一元であって、同じ一つの生命の表現の両面に過ぎず、しかも互いに相補の関係に立ち、物質の欠乏は精神で補うことができ、また物質生活が大なれば大なるほど精神生活が小さくなるものであるから、結局食生活水準の限りなき上昇、すなわち物質的贅沢生活は精神生活を弱め、国民を惰弱にし、民族の団結心を損し、国力を低下させる。実際唐突に聞こえるかもしれぬが、簡易食生活は富国の基なのである」

本多氏は明治維新の2年前に生まれた人ですから、江戸時代の日本人の食生活に対する習慣を身につけていたことから、こうした発言になったのだと思います。

幕末、幕府がオランダに発注した軍艦・咸臨丸を日本に回航し、その後長崎海軍伝習所の教官になり、勝海舟はじめ幕臣に航海術・砲術・測量術を教えたのはカッテンディーケ（1816～1866）でした。彼は帰国後、オランダの海軍大臣兼外務大臣を務めました。そして回想録を残していますが、そこに当時の日本人の食生活についてこう書いています。

「日本人の欲望は単純で、贅沢といえばただ着物に金をかけるぐらいが関の山である。何となれば贅沢の禁令は、古来すこぶる厳密であり、生活第一の必需品は廉い。上流家庭の食事とても、至って簡素であるから、貧乏人だとて富貴の人々とさほど違った食事をしている訳ではない」

（渡辺京二『逝きし世の面影』平凡社　２００５）

このカッテン・ディーケ氏を含めて幕末から明治にかけて数多くの欧米の知識人が来日し長期間滞在していますが、彼らの体験記を通して知る当時の日本人の食生活は、今から見ると地域や階層に関係なく、どの家庭でも質素であったことが分かります。

ということは、江戸時代の習慣がまだ強く残っていた戦前までの日本では、総じて少食の習慣が国民の間で当たり前だったのです。戦前派の私にはそれが分かります。戦後生まれの日本人の多くは今や飽食家となっていることから、そのことが信じられないかも知れませんが。

そんなことから戦前の日本人は、少食のため利他性に富んでいたとも考えられます。利他性に富む人は他者のために働くことが当たり前と考え、実際に戦前の日本人は滅私奉公を厭《いと》いませんでした。今と比べると利他に生きる気持ちが旺盛であったのです。

▼一芸8年、商売10年

それともう一つ、利他に生きるには、己の欲望を我慢する忍耐が求められます。戦前までの日本人は辛抱強いとか忍耐強い国民だと言われたものです。

戦後は新憲法の下で個人主義が尊ばれるようになり、たとえ自分のためであっても辛抱強く、コツコツと努力を続ける生き方が好まれなくなりました。

しかし時代は変わっても、自分に何かの力をつけるには、忍耐力を発揮しない限り、自分の人間力も専門力も磨くことはできません。我欲を抑えて、人のために懸命に働き続け、利他に生きることによって、自分もまた一人前の人間となれるのです。

「一芸8年、商売10年」の言葉は、人が一人前になるための期間を表していますが、各界にはそのことを暗示する言葉がそれぞれあります。例えば、鰻の業界では「串刺し3年、裂き8年、焼きは一生」（鰻の串を刺す作業に慣れるには3年、鰻をさばくには8年、焼きは鰻の質によって違うから一生の修業）と言います。

これらの言葉に共通するのは「8年」という歳月です。この8年を次のように受け止めようと、私はたびたび提唱してきました。

自分の分野でプロの腕前を身につけるには約1万時間の時間投入が必要とされていま

す。仕事をしながらプロの腕前を磨いている職人の世界では、技を磨ける時間を１日５時間とし、１年の実働日数を２５０日とした場合、１万時間に達するにはちょうど8年となります。

働く若いサラリーマンの場合、現在の仕事に関係のない分野で専門力を磨くには、仕事を終えた時間帯を使うしかありませんから、ウイークデイは1日1時間、土日・休日はその半分の日数の中の１日３時間を充てるとすると、24年ということになります。つまり就職後、25年前後の歳月をかけて、自分の専門力開発に励めば、50歳前後には何かの専門家になれるということです。

中年のサラリーマンは、若い人の２倍の時間を充当すれば、24年の半分の12年でできます。48歳からスタートしても定年の60歳までには達成できるということです。

定年前の人でも、若い人の３倍の時間をかければ、24年の３分の１の８年で達成できます。60歳定年の場合は52歳から、65歳定年の場合は57歳からでも間に合う計算になります。

私はこういうことを著書でも講演でも説き続けてきました。そして、この私の提言を知り、50代の初めから専門力を身につける努力を始めて、定年後に独立自営の人生をスタートさせた人を、私は数多く知っています。

そこで大切なことは、１年を３６５日という日数で受け止めるのではなく、１年は

8760時間という時間で受け止め、その時間をどう活用するかという面から検討していくことが必要です。なぜならすべての能力は努力する時間の積み重ねで習得できるからです。

そうするためには、自分の目指す専門力習得に時間を集中し、それ以外の望みは辛抱し、こつこつと自己開発に時間を重ねていくことが大切です。

これからの時代は、自分の専門力で世のため人のために貢献していくことが一人ひとりに求められます。つまり人間は最終的には、どこに勤めているかの所属価値ではなく、何が得意（専門）かの専門価値（あるいは存在価値）が問われるのです。利他に生きることを、そうした生涯の生き方につなげて考えていきたいものです。

第5章

黙々と一所懸命

第1節　立身出世から終身現役へ

▼中途退職を理解されず

欧米に長く住んでいる邦人ほど、日本人は欧米人と違ってどこに勤めているかの所属価値を重視することに気づいており、「世界の常識は日本の非常識」の言葉に共感するのです。欧米社会では、人を判断する場合、どこに勤めているかより何の専門家であるかに関心があり、そこに重きを置く価値観を抱いているからです。

この違いは、日本における就職構造が未だに基本的には終身雇用を前提としていることに起因しています。日本の学生は春の卒業時に、新人としていっせいに企業や団体に就職し、その後は定年までそこに勤めるというのが、今でも一般的な働き方になっています。したがって、途中退社者や途中入社者は、その組織内では正規のルートで入社した人ではない人とられがちです。

このことは、日本の組織には純血主義が未だに尊ばれていることを示しています。したがって、正式な入社試験を受けて合格し、順調に年齢を重ねて管理職に就き、これから先どこまで出世していくのか期待されている人が、もし自己都合で途中退社したりすると、周囲の人々はその人を「変わり者」と受けとめてしまうのが一般の日本人の考え方になっています。

その意味では私もその変わり者です。日経に勤務中の満20年目に、出向先の日経マグロウヒル社（現日経ＢＰ社）を辞めて独立したのですから。

今でこそ途中退社しても不思議に思われなくなりましたが、今から40年前の昭和50年代の初めの頃までは、そうではなかったのです。

今でも忘れられない思い出があります。それは私が日経を退社して社会教育家としてスタートして間もなく、ある知人の紹介で某企業の社員研修に招かれた時のことです。１泊２日の日程でしたので、第１日目の研修が終えた時、研修課長が私を夕食に誘ってくれました。その時、課長は「田中さんがどうして日経を途中で辞めたのか、本当の理由を聞かせてほしい」と執拗《しつよう》に訊いてきたのです。事業主として独立独歩の人生を歩みたかったたからだと説明しても納得してくれず、もっと本当の理由があるはずだと言い張るのには閉口しました。

それほど当時は、大きな組織を自分の都合で辞めることなど、普通には考えられないことだったのです。昨今では自分の都合ではなく会社の都合でリストラされることが珍しくなくなりましたが、それもあくまで会社側の都合であり、個人としては、いい会社と言われているところを自分の都合で辞めることは滅多にないことです。自己都合で辞めた場合、それまで以上の待遇で再就職できる横断的な労働市場が、日本には確立されていないからです。

ですから大方の日本人はどうしても所属価値を大切にし、純血主義を第一として生きざるを得ないのです。その意識が強いからこそ、勤め先が大きくて世間で一流と言われているところに就職した以上は、その中で立身出世をしていくことに命をかけるのです。

日本のサラリーマンにとっては、就職して定年を迎えるまでの前半の就職期の人生がその人の主な人生であり、定年後の後半の人生で真の勝負をするという考え方は、まだ未成熟なままです。ですから定年後の人生はまさしく「余り」の人生の「余生」になのです。

人生１００年と言われるようになった昨今でも、その考え方は変わっていません。そのために、定年後の30年から40年に及ぶ後半の人生に対して、真剣に向き合おうとする人が少ないのです。

そういうサラリーマンの生き方に対して、私は前半の人生に賭けたエネルギーを後半の人生にも注いでいこう、いや、むしろ人生の勝負は後半にあると考えて、定年後の人生に対し、もっともっと真正面から取り組んでいこうと、主張し続けているのです。

しかし前半の人生で立身出世の競争にエネルギーを注いできた人ほど、定年後の人生に力を投入することができないでいます。そのことが影響して、定年後にベンチャービジネスを立ち上げる人の率が、先進国の中で日本が最も低い位置にあるのです。

▼不幸な大企業の社員

日本の総合商社トップテンの一つである某企業の定年前準備講座の社内研修の講師を、私は5年間担当したことがあります。その間、500人近い定年を前にした人たちに、定年後の独立自営についての道案内をしたわけです。

その後、私の講義を聴いた人たちは定年を迎えましたが、その中で定年後に独立自営の道を選んだ人は、私の知っている限りでは、わずか2人だけでした。残りのほとんどの人は関連会社に再就職し、5年ほど勤めた後で余生の生活に入りました。

もちろん私の知らないところで、その後に独立した人がいたかもしれません。しかしそれがたとえ10倍の人数としても20人足らずです。

この起業率は4％ですから、『中小企業白書』に出ている高齢者の開業率4・6％（2012年度）よりも低いことになります。

一方で、私は総合商社の下請けの立場にある中小企業の貿易関連会社の社員教育を幾度か担当したこともあります。その時に親しくなった参加者の1人から「総合商社の人は定年になって独立できる人はごくわずかです。なぜなら現場の最先端の実務を担当するのは私たちですから、その間、彼らは社内における立身出世に忙しく、専門力を磨く暇がないのです。ですからプロとして定年後の人生を生きるのは無理でしょう」と説明してくれました。

確かにそう言われればそうです。こうした実態は何も商社の業界だけでなく、大手企業の社員の場合はほとんどの人がそういう状況下におかれています。

日本の企業構造は大企業が中小零細企業を下請けとするという二重構造になっているのが普通ですからそうなるのです。私の日経時代の同期の仲間たちは定年後、日経の関連会社の役員となって天下りし、そこで5年間ほど勤めて65歳から長くて70歳前後で引退していきました。独立自営の道を選んだのは私ともう1人だけでした。

その人とは今も付き合っていますが、お互いにどこまでも現役で頑張ろうと励まし合っています。彼は日経に勤務中、専門分野に特化し立身出世競争とは無関係の立場に立ち、専ら専門力を磨いていました。

その能力が役立って定年後はプロとして独立し、82歳を過ぎた今も現役で活躍しています。私もそうでした。立身出世の競争に加わるどころか、独立志向が強かったことから、そのための準備に力が入っていました。日経内での地位よりも独立独歩の存在価値に重きを置きながらサラリーマン生活を送っていたことになります。

そういう生き方をするのは当時のサラリーマンとしては異例でしたが、今のように後半の人生の生き方が重要になってきた時代においては、いつの間にか当たり前になりつつあります。

すでに安倍内閣の働き方革命で、副業も認められる方向にあることから、これからは、どこに勤めているかの所属価値だけに頼るのではなく、何が専門かの問いに答えられる人間を目指す生き方、すなわち存在価値を尊ぶことのほうが時代に合った生き方になっていくでしょう。

しかし周りの多くが所属価値にあぐらをかいている時に、自分だけが存在価値に生きることは孤独です。その状況を貫くには心理的に苦しく、また自分の力を磨くために他の欲求を犠牲にしなければならず、辛さに耐えなければなりません。

それを長く続けていくには、ロングランの人生設計の下で、明確な目標を掲げながら自分を叱咤激励していく必要があります。

第2節　正々堂々たる人生

▼人口オーナス期に入る日本

新聞の経済記事を読んでいると「人口ボーナス」「人口オーナス」という言葉が出てきます。

「人口ボーナス（bonus）」とは、一国の生産人口（15歳～64歳の人口）がそれ以外の人口（0歳～14歳の人口＋65歳以上の人口）の2倍以上ある状態のことを言います。我が国では1970年頃までの時期がそうでした。

この時期は国内に豊富な若い労働力があるために高度の経済成長が見込めます。最近のアジアの新興国であるタイ・ベトナム・マレーシア・インドネシア・インドなどが人口ボーナス期にあり、2030年ごろまでは著しい経済成長が見込まれるとされています。

これに対して後者の「人口オーナス」（onus オーナスは負担・重荷の意）とは、人口ボーナスの逆で、一国の人口構成の中で生産年齢人口の割合が少なく、子供や高齢者の割合が多い状態を言います。人口オーナス期にある国は経済成長率が低下し、国の財政面で社会保障支出が増えるなど経済面で圧迫されることになります。現在の日本がまさしくその状態です。

日本に次いで韓国・台湾・中国なども、まもなく人口オーナス期に入ってくると言われています。

この人口オーナスに対応するには、高齢者の就業促進か、移民を増やすしかありません。しかし移民の増加はドイツやスウェーデンの状況でも分かるように、多くの面で問題があります。そこで高齢者の就業を促進させることが、我が国の喫緊の課題になってきているのです。

高齢者の就業が増えれば、次の４つの効果があるとされています。

①人手不足が緩和される。

②年金の支給開始年齢を引き上げられる。

③高齢者の家計の不安がなくなる。

④介護や福祉や医療の経費が減少する。

すでに我が国の労働市場では人手不足が進んでおり、それを補うために高齢者の就業が進行中です。総務省の「労働力調査」のデータによれば、平成24（２０１２）年から29（２０１７）年までの間に、55歳以上の就業者数は１４０万人も増えています。これはこの間の全就業者増加数の56％に相当します。いまや高齢者の就業なくしては我が国の経済の発展は考えられなくなっていると言えましょう。

▼定年延長に頼らない人生設計を

しかしこの増加は、定年退職者の継続雇用を法律で義務づけされた企業が、雇用延長の制度で対応したことによる就業増も多いことから、必ずしも高齢者の希望に沿った就業促進にはなっていないとの批判もあります。

経済アナリストで独協大学教授の森永卓郎氏は次のように述べています。

「高齢まで働き続けて、必要以上に経済を成長させても、幸せな社会にはなりません。これまで通り働くのは65歳までにして、そこからは好きなことをするという社会のほうがいいと思います。減ったとはいえ年金があれば、あまりお金にならない仕事でも食べていける。みんな年をとったらアーティストになればいいんですよ。そのほうが楽しいし、社会も健全です。(中略)

70歳まで経済成長のために働く社会と、年金は下がっても65歳から好きなことをやる社会と、どちらが望ましいのか。本来、選択は国民に委ねられるべきです。しかし安倍内閣は国民に選択肢を示さず、高齢者の定義を急に変え、なし崩しで70歳まで働く社会にもっていこうとしている。これはアンフェアです。

高齢者の基準を決めるには、まずどういう人生が幸福かという根本的な議論をすべきです。政府が勝手に決めていいものではないのですよ」

（朝日新聞　平成30年４月13日付「オピニオン欄」）

確かに森永氏の指摘のように、高齢者に好きでもない仕事をいつまでもさせるのは酷だと思います。企業の定年延長の制度の下で、今まで管理職として働いていた人が、定年後の雇用延長により、それまで部下であった人に使われる立場に立たされ、それでも家計のために我慢して働いている人を見ると、こんな就業形態でいいのかと疑問が湧きます。

本来ならば、60歳を迎えたら企業の枠を超えて自らの努力で働ける場を手にし、そこで己の得意な能力を発揮するのがいいのです。しかし多くの定年退職者はそうできる能力も経験もないことから、これまでの賃金を大幅にカットされても、仕方なく我慢して働いているのが現状でしょう。

この問題を解決するには、国が高齢者の就業を促進させる流動性のある労働市場を積極的に作り出していくことと、もう一つは、高齢者自身が定年延長の制度に頼ることなく、これまでの勤務先の外に出て、専門力を武器に自分の働く場を開拓していくことです。

▼焦りは禁物、じっくり実力養成を

日本のサラリーマンはあまりにも所属価値に頼りすぎています。就職したらもうそこが自分の生涯の働く場と勝手に決めてしまい、自分の力で流動的に働く場を手にしていこうという計画も意欲もない人がほとんどです。ですから自分の専門力を磨こうとする努力をせず、日々の生活に流れてしまうのです。

そんな人ほど会社を辞めて独立するなり転職していく仲間を良くは思わず、その仲間から学ぼうともしないのです。

私が社会教育家として独立し、何とか自営の路線を進んでいけるようになった頃から、全国のサラリーマンの人たちが、講演会の会場や便りを通して独立の相談をもちかけてくるようになりました。私は自分の経験を通して「独立を早まってはならない、十分に準備をして、本当に独立してもやっていけるかどうかをテストして、これならできるという自信と勇気が持てるようになることが大前提ですよ」と忠告してきました。

その忠告を守り、数々のテスト飛行を重ねて、早期退職制度を活用して独立し、順調に独立独歩の人生を歩んでいる人が全国にはかなりいます。

どの人にも共通しているのは、プロとしてどこに出ても通用する力を若いうちから磨いてきていることです。それだけ自分の長期的な人生設計を持ち、その計画を着実に実行して力を蓄えてきた人たちと言えます。

25歳の時に私の講演を聴き、そこからコツコツと準備を重ねていき、35歳で独立した方もいます。私はその方の会社の創業５周年・10周年・20周年記念の式典に招かれ、記念講演をさせてもらいました。

その方は「私が今日あるのは、田中先生の講演を聴いたことによるものです。その幸運を忘れないために、先生がご活躍中は、必ず創業記念の講演をお願いすることにしていきます」と言ってくれるのです。

このように報恩の熱き心に接するたびに、私は、人が独立を維持できるかどうかは、その当事者の専門力と同時に、相手を敬愛する心構えによるものが大きいと感じています。

この方の場合は、良い顧客に恵まれ、年々、企業規模が大きくなっています。この方の心構えが良い顧客の支持を呼び、次々と顧客からの紹介で新たな良い見込み客を手にしているからなのです。そこに善の循環が見られます。

今の世の中の一般的傾向は「善悪よりも損得が先」の経済優先の発想が主流になっていますが、本当の顧客は「損得より善悪が先」の思想に徹した経営者を支持していくのです。この世の中の習性に対応できる心構えを、専門力を磨くことと同じく大切にすることを学びたいものです。

第3節　世評を恐れず我が道を

▼変わっていることが誇り

人生の勝負は後半にあり、定年後から自分の力でオンリーワンの存在価値を築き、この世の中に少しでも自分の爪あとを残して死んでいこう！

これは私が一貫して主張していることです。したがって私は、どんな人がそういう人生を歩むのかをよく考えます。

その答えは、若い時から自分なりの独自の人生哲学を堅持し、世の風潮に流されないで生きていく人であるということです。つまり周りから「あの人は変わっているね」と言われようと、意に介さず自分の道を進み続ける意志の強い人間として生きることのできる人です。

私も変わり者でした。高校時代に仲間たちが受験勉強で必死な時に、生徒会の副会長や会長に選ばれるとその仕事に打ち込んだり、進学先の大学も、みんなが九州内の国立一期を目指したのに対し、私だけは東京の大学を選んだり、就職先も公務員や安定した大企業ではなく新聞社に入ったり、就職しても定年まで勤めず途中で独立したりなど、どれも普通なら皆がしないことをしてきました。

その背景には、自分らしさを発揮したいという欲求があったからです。所属価値を目指すことよりも存在価値のある人間を目指す生き方を選ぶことを良しとしたのです。

そういうことから私の読書は、存在価値の強い人物に関する著作に傾倒する趣がありましたし、今でもそのことは変わりません。

様々な業界で一頭地を抜く人物は総じていい意味での変わり者です。人のやらないことをやり、人とは違った考え方の持ち主で、我が道を行くという独創的な生き方をした人です。そういう人は、仕事上で他人が考えつかないことをやり遂げています。

▼信念を貫いた白洲次郎

その代表的な人物の一人が白洲次郎氏（１９０２〜１９８５）です。氏は戦後のアメリカ占領軍が日本を支配していた時に、首相の吉田茂氏の懐刀として占領軍との折衝役を引き受け、イギリス留学で身につけた英語力を武器に、占領軍と一歩も引かぬ交渉を堂々とやってのけたことでも知られています。

私は白洲氏に関する本を読むといつも胸のすく思いを抱くのです。なぜなのか。北康利氏の『レジェンド　伝説の男　白洲次郎』（朝日文庫）の「まえがき」にそのことが端的に書かれています。氏の文章をお借りしながら、その要約を紹介しましょう。

占領軍の目的は、日本を二度と戦争のできない国にするためで、その手段を選びませんでした。「公職追放」「財閥解体」「新憲法制定」等々を押し付けました。

政治家も官僚も茫然自失状態で、戦時中の行動の言い訳をしたりGHQにおもねるなど自らが生き残るために行動しました。

こういう状況下で、「俺たちは戦争に負けたかもしれないが、奴隷になったわけではない！」と毅然とした態度で守るべきことは守ろうとしたのが白洲次郎でした。エレガンスで英語も堪能だった彼は、GHQからも一目置かれるようになりました。

北康利氏の言葉を借りれば「圧倒的な人間力」、すなわち、権力に媚びず、出世や金儲けを望まず、自分の生きたいように生きることでした。彼はこれをどうやって身につけたのでしょうか。北氏によると、それは「プリンシプル（principle）」という言葉の中に隠されているそうです。北氏は言います。

「ブレない人間は格好がいい。自分の生き方の軸を白洲流に表現したのが〝プリンシプル〟なのだ」と。北氏によると、それは「古来の礼法（イギリスでいうマナー）に敬意を払いつつも自分の頭で考え、世間に流布されている価値観には付和雷同せず、こうでなくては美しくないという自分なりの美学」なのだそうです。

白洲は、「国が悪い、学校が悪い……何でも他人のせいにしたがる傾向が、近年日本人の間に蔓延しているが、自分さえしっかりしていれば美しい生き方はできる。周囲に文句を言う前に、まず自分から変えて行こう」と語りかけているのだと言います。

そして、北氏は「白洲次郎がそうしたように、情報を集め、人脈を作り、経験を積み、判断する材料を集めることで視線を高くしていこう。そして何より、周囲に流されず自分の頭で考えよう。すると先が読め、来るべきリスクに備えあることができる。危機管理は国家がしてくれるものだという甘い考えはこの際捨て、自分の身を自分で守ることから始めようではないか」と喝破しています。

（北康利『レジェンド　伝説の男　白洲次郎』朝日文庫　２０１２）

終身雇用で定年まで無事に勤めたら、あとはのんびり余生を送ればいいという人生観に対する変革の波が押し寄せ、定年からがその人の本当の人生が始まるという理解が広まるにつけ、白洲次郎のように自分自身の考えで生きていくことに関心が寄せられてきたのです。

自分の生きる目的は何か、その目的を果たすにはどうすればいいのか、という使命感に気づいた時に、個としての自分の在り方を真剣に考え、行動するようになるのだと思います。私は30代の半ばにそのことに気づいたからこそ、独立の道を選び、自分のやるべきことに人生の後半を打ち込んできたのです。

幸いにネット社会の出現で、誰もが自分の存在を世間に主張することができるようになりました。どんな地域に居ても、どんな年齢であっても、しっかりした自分という存在価値を築いていけば、堂々と生きていける社会になったのです。

これまでは大きな組織の一員として定年まで勤めて、後は悠々自適の人生を送ることが私たちの理想でした。しかしこれからは違います。定年の年齢に達した頃から、自分自身の存在価値を武器に生きていくことが最も素晴らしい生き方に変わってきているのです。

その生き方革命が自分にも起きつつあることを自覚し、個としての自分の在り方を確立し、それこそ臨終定年を目指して、自分なりの終身現役の道を歩んでいきたいものです。

第4節　熱意が人を動かす

▼目の前のことに全力を尽くす

今の若い世代に共通しているのは、自分の好きなことには没頭するものの、やりたくない仕事については自ら申し出て率先してやることを避けたがります。どうしてそうなるのでしょうか。それは忍耐力の欠乏が原因だと思います。

幼少時から我慢することを覚えなかった子は、長じて自分の都合だけを大切にする傾向があります。

一方、私のような戦前に生まれて戦争中に幼少時を送った世代は、日本が大東亜戦争に突入し、物資のない時代に遭遇したため、欲しいものをねだることはご法度でしたし、まただってもそんなものはありませんでした。

したがって質素な生活に適応する精神がいつの間にか養われました。大学生活の4年間は学寮で過ごしましたが、食堂の朝夕の食事は、生きていく最低限の栄養とカロリーを保つ程度の、今で言えば貧しいものでしたが、当時の私たちはそれを当然として我慢したものでした。それだけ自我の欲求を抑える力があり、人としてやるべきことに自分を向かわせることに積極的な態度で臨むことができました。

私は学生時代もサラリーマン時代も、みんなが避けたがる役割があてがわれた場合は、決して逃げないで引き受けました。そして引き受けた以上は、できるだけ成果を挙げるように努力を重ねたものです。そういう性格の持ち主だったことも独立人生を選択する際に役立ったのだと思います。

講演の場合もそうです。引き受けた以上は、どんな講演でも全力で臨むことを心がけてきました。受講者が3人しかいない講演会もありましたが、それでも手を抜くことは一切してきませんでした。

そのことは執筆の場合も同じでした。稿料が安かろうと一旦原稿に向かったら、いつもと同じように全力で書いてきました。

そうした私の態度が関係者に伝わり、「この仕事は田中に依頼しよう」ということになっていき、その積み重ねが40年の独立に繋がっているのです。

▼『私はどうして販売外交に成功したか』に学ぶ

そんな私ですから、何事にも情熱をもって立ち向かう人が好きですし、そうしたことにふれた本を読むのも大好きです。その好きな本の一冊に全米一の生命保険セールスマンであったフランク・ベトガーの『私はどうして販売外交に成功したか』（ダイヤモンド社）があります。この邦訳の初版は１９５３（昭和28）年です。

今から65年前ですが、今読んでも全く古さを感じません。そのことはアマゾンの書評欄を読むとよく分かります。私は昭和36（１９６１）年に購入して以来、幾度も読み直し、講演や拙著で紹介してきました。

どんなに腕があっても、まず「あなたをつかってあげる」と、人様に引っ張り上げてもらえる機会を得なければ、永遠に能力を発揮することはできません。そういう「引き」の機会をどうつくるか、それが人生の勝負です。その一番のポイントが、ベトガーが一貫して説いている「積極的に生きる姿勢」「情熱」だと私は考えています。

何故なら成功者ほど前向きに燃える人間であり、自分と同じように必死に生きる人の姿に共鳴共感して「おまえ、なかなかやるじゃないか」とチャンスをくれるのです。

私自身が「引き」のお蔭で独立人生を送ることができていますが、その最大の要因は、どんな仕事も熱意を持って取り組むことをやってきたからと、私は自己分析しています。

ベドガーの本の最初の第一節に紹介されている次の事例を私は何度読み返したことでしょうか。ここに「情熱」「熱意」の重要性が示されているからです。ベドガーは振り返ってこう語っています。

「私の販売生活32年の間の友人、知人を通じて、仕事に情熱をかたむけることによって、収入を2倍にも3倍にも増加したセールスマンを沢山知っている。そして情熱を燃やさないために、失敗した多数のセールスマンの例も数多く知っている。私は熱心こそ、販売に成功する最大唯一の要素であるとかたく信じている。

例えば、ある保険の統計学的権威者を知っているが、この人は優に保険にかんする本を1冊書けるだけの学力を持っていながら、さて保険契約をとって立派な生活をするということはできない。それは、どういうわけだろうか、彼には契約をするということに対して情熱が足りないのが最大の要因である。

また私の知っているあるセールスマンは、保険については誠に貧弱な知識しかもっていないのに、それでも多額の契約を取って、豊かな生活をつづけながら、20年間この仕事に従事していた。この人はスタンレー・ゲッティスという人で、現在は引退して、フロリダのマイアミ海岸で豊かな生活をしている。このような素晴らしい成功をおさめた原因は、決して知識の力ではなく、仕事に打ちこむ情熱の力によるものであった」

私はこの一文を読むたびに、現役を引退してマイアミで余生を送っているゲッティスという人よりも、生命保険セールスの仕事を辞めた後も、晩年までセールス教育のプロとして講演・研修・著作・視聴覚作品出演などの仕事に情熱的に取り組んで、１９８１（昭和56）年に93歳で亡くなったベトガーに魅かれます。

ユーチューブには「フランク・ベトガー物語」（１９５１）という教育映画がアップされています。この映画にはベトガー自身が主役として出演しています。63歳の本人が温和な表情で語りかけている解説を聴くことができます。

ベトガーに「情熱」の大切さを教えたのは、デール・カーネギーです。ベトガーが話力を学ぶためにフィラデルフィアの商工会議所で開かれていたデール・カーネギーの話し方教室に参加したのが、２人の最初の出会いでした。ここでカーネギーの熱誠溢れる指導を受けて、何事も熱意をもって取り組むことの重要性を学び、併せてベンジャミン・フランクリンの伝記に学ぶことを示唆されました。それがベトガーを変身させたのです。

以後の彼は人が変わったように情熱的に保険の仕事に打ち込み、その年の暮れには会社の１０００人のセールマンの中で92位に、翌年には14位に、そして3年目には1位に躍り出たのです。それから12年間、定年で引退するまでトップの座にあったのです。

そして引退後は、カーネギーと共にセールス講座の巡回講演を全国的に展開して歩き、多くのセールス関係者に感銘を与え続けました。

私はかつてデール・カーネギー教室で学び、１年間インストラクター助手を務める経験をしたことから、カーネギーに関する本を3冊執筆しました。

「何事もやる以上は死にもの狂いで懸命に取り組もう、熱意が湧いてきて、いい結果を生む」

これがカーネギーとベトガーの生き方に学んだことからきた私の信念であり、実際にそうなるのです。熱意は周囲に伝わり大きな成果をもたらします。これは私の体験から断言できることです。

第5節　地味に、コツコツ、泥臭く

▼辛抱経験が後半人生を支える

最近の日本人の多くは「派手に・楽して・格好よく」生きることを志向しています。この反対の「地味に・こつこつ・泥臭く生きる」ことを選択する人は少数派です。じっくり腰を落ち着けて一つのことに取り組むことよりも、あれにもこれにも手をつけて、何事にも幅広く関係していくことを「良し」とする人が増えています。

それが時代の傾向というものでしょうか。しかし長い年月を経過した後で、人間として生きる力を有しているのは、後者の「地味に・コツコツ派」です。私の交友関係の中でも定年後に自分の仕事を確立して堂々と生きている人は、すべて地道に自分の専門性を極めてきた人たちと言えます。

植物学者で静岡大学教授の稲垣栄洋《いながきひでひろ》氏は次のように述べています。

「冬の寒さ、すなわち低温を経験しないと発芽しない雑草の性質は『低温要求性』と呼ばれている。低温に耐えるのではなく、低温を必要として要求しているのである。春爛漫の風景は、『草が萌える』と表現される。雑草たちが生命力あふれる春の風景を作り出すのは、冬の寒さを経験したからこそなのだろう」

（『雑草の成功戦略』ＮＴＴ出版）

この一文を人間に当てはめれば、人生のどこかの時点でじっと辛抱をしなければならない経験をしてこそ、その後の活躍期に充実した人生を送れるということになります。

このことは、これからの日本人は後半の人生をよりよく生きるには、前半のサラリーマン時代に、我慢・辛抱・忍耐の人生を送ることによって、人生の後半がより輝いてくることを示しています。

「一身にして二生を生きる」とか「人生二毛作」と言われるように、これからのサラリーマンは定年退職後において、どう独自の生き方を過ごすかが問われるようになります。なぜなら今後は、サラリーマンであった時代と同じぐらいの年数を定年後に送らねばならない人生が待っているからです。

日本の女性はすでに90歳まで生きるのは当たり前になってきました。そのうち男性もそうなるでしょう。私のような82歳まで生きている男性の平均余命は9歳だからです。すなわち80歳まで生きた男性は、90歳以上生きることを予期してそのための準備をしておく必要があるというわけです。

もう日本人の大半は90歳まで生きることを前提にして、少しでも後半の人生が前半よりもより良いものであるようにしなければなりません。そのためにはサラリーマン時代に、自ら志願して辛い経験をしておくことが大切なのです。

私の場合はこうでした。編集部門が主流の新聞社で、将来は事業主になることを見越して敢えて営業部門を志願した私は、丸20年間、営業の前線で忍耐強さが求められる数々の経験を重ねました。併せてその間に、後半の人生で大きく開花した人たちの生き様を学ぶことも心がけました。

その経験から、死ぬまで現役を貫き通した人たちは、ある時点からマイペースの仕事をしながら日々充実した人生を過ごしていることを確認できたのです。例えば、作家や画家のようにその道のプロとして活躍している人たちは、どの人もマイペースで仕事ができる条件を自分で作っています。

▼松本清張から学ぶ

昭和時代のナンバーワンの売れっ子作家と言われた松本清張氏（１９０９〜１９９２）は、芥川賞作家になったものの、まだ朝日新聞社の広告部に勤務していた47歳の時、２歳先輩の作家・井上靖から独立を勧められました。井上靖は44歳の時に毎日新聞社を辞めて独立した経験の持ち主だったからです。

その助言に従って思い切ってサラリーマンを辞めた彼は、それ以来、水を得た魚のように猛烈に執筆し始めています。サラリーマンとしての制約から解き放されて、誰に気兼ねすることもなく思う存分原稿に向かうことができたからです。その爆発的な執筆活動の様子は、その作品年譜を見れば一目瞭然です。

彼は小学校高等科卒業後、印刷会社に就職し、そこで版下描きの技能を身につけ、昭和12（１９３７）年、朝日新聞社北九州支社広告部の版下描きのアルバイト募集に応募して採用されました。しかし、いつ解雇されてもおかしくない身分であったことから、18（１９４３）年に正社員になるまで不安な日々を送りました。その間、周りの大卒の正社員たちとは差別扱いされました。その劣等感を紛らわしたのが読書や史跡めぐりや地元の文学青年たちとの交流のひと時でした。

昭和26（1951）年、懸賞金欲しさに『週刊朝日』の懸賞小説に応募した作品「西郷札」が3等に入賞し、しかもその年の直木賞の候補になったのです。このことで自信を得た彼は27年に『或る「小倉日記」伝』を著し、これがその年の芥川賞に選ばれました。翌年、朝日新聞社東京本社の広告部に転勤になり、東京に活動の拠点を移しました。そしてその4年後に独立にしたのです。

私は新聞社出身ですから分かるのですが、どの新聞社も戦前は大学卒でなければ出世や給与の面で差別されました。松本清張氏は戦前の小学校高等科卒の学歴で、しかもアルバイトで支社の現地採用組であったことから、社内での扱われ方には辛いものがありました。そのことは彼の作品『半生の記』（新潮文庫）・『実感的人生論』（中公文庫）・『空白の意匠』（光文社文庫）に具体的な様子が描かれています。

また氏と同じ職場で、やはり現地採用組の一人であった吉田満という人が書いた『朝日新聞社時代の松本清張～学歴の壁を破った根性の人～』（九州人文化の会刊）には、松本清張当時の生き様が詳しく描かれています。この本を読んで彼の作家になるまでの苦労が並大抵のものではなかったことを知ることができます。

松本清張氏が亡くなって18年になりますが、彼の作品は今も多くの人に読まれ、テレビ化されています。北九州市の市立松本清張記念館では、常に松本清張氏に関する研究の成果が公開されています。それらを通じて、彼の偉大な業績を改めて見直すことができます。その業績は、彼が独立するまでの47年間にわたって、耐えに耐えてきた前半の人生があったからこそなし得たのです。

忘れもしない昭和42（１９６７）年1月の雪の降る夜、私は出張先の富山市の旅館で発刊間もない氏の『半生の記』を読み、彼の前半の人生を初めて知りました。苦労に苦労を重ねた人生を耐え抜いた彼の生き様に感銘を覚え、前半の人生で思いきり苦労を経験することが大切であると改めて悟りました。

それ以来、私は辛い仕事を前向きに受け止め、日経を辞めるまでの12年間は、それまでに増して、難しい仕事があれば自ら志願して担当しました。その経験が必ず後半の人生に役立つに違いないと思ったからです。

そして松本清張氏と同じように20年間の新聞社の仕事を卒業して独立し、組織の制約を受けることなくマイペースで仕事ができる環境を作り、自分なりに精一杯の仕事をしてきました。その多くが、前半の人生で経験したことが有利に働きました。

講演の中で「地味に・コツコツ・泥臭く」という言葉を使う時には、いつも私の前半の苦労を思い出しながら、地道な苦労が大切であるとの教訓を唱えているのです。

あとがき

人生100年時代に備えるべきことの第一は、目の前の仕事に対する心構えです。その心構えが正しければ、どんな職業に就いても、それなりに成功していけると思います。

そこで「ジャパネットたかた」の創業者、高田明氏の言葉を最後に紹介しておきましょう。

「仕事というのは自分が打ち込んでいく中で、自分の内側から好きになっていくものです。世の中の新入社員のほとんどが希望ではない部署に配属されていくのが普通でしょう。与えられた仕事を『好き』にできるかできないか、本気でやれるかやれないか。心の持ち方によって、人生は大きく変わっていくのではないでしょうか」

（日経電子版 NIKKEI STYLE「出世ナビ～90秒にかけた男」より）。


この高田氏の言葉は、定年後の人生を構築していく場合にも言えることです。なぜなら自分の仕事を確立していく場合にも、自分の好みだけで仕事を選んでいると、いつまでたっても一人前になることができないからです。

時には自分の好みと真逆なことに対しても、精一杯の努力を傾けていくことの必要性が、どんな仕事に就いても言えるはずです。決して手を抜かないことです。その努力の積み重ねが、独自の仕事の確立につながっていくのです。ですから常に「地味に・コツコツ・泥臭く」の言葉を自分に言い聞かせながら、一日一日を懸命に生きていくことが大切なのです。

私の82年間の経験から言えるのは、人生の後半を活き活き生きるには、とにかく何事に対しても勤勉一筋で生きることです。そのことによって人はどれだけ得をするか、私のように高齢者になれば、よく理解できるようになります。

これからの日本では、誰もが自分の責任で老後を生きる準備をしなければならなくなります。

そのことに気づかれた方にとって、この拙著が何かの参考になれば嬉しく存じます。

読者の皆様のこれからの人生が今よりもより充実していかれることを祈念しながら、これにて筆を置かせていただきます。

最後まで読んでいただきましたことに心から感謝申し上げます。

本当にありがとうございました。

田中真澄・著者紹介

経　歴

1936年　福岡県に生まれる。
1959年　東京教育大学（現・筑波大学）を卒業し、日本経済新聞社に入社。企画調査部、販売局、社長室、出版局の各職場で14職務を担当。
1969年　日経とアメリカマグロウヒル社との合弁出版社・日経マグロウヒル社（現・日経BP社）に出向。同社調査開発長ならびに日経マグロウヒル販売（現・日経BPマーケティング）取締役営業部長として活躍。
1979年　日本経済新聞社における20年間の勤務に終止符を打ち、独立。有限会社ヒューマンスキル研究所設立。新しい形の社会教育家を目指し、日本初のモチベーショナルスピーカーとして活動を開始。
2005年　『週刊東洋経済』誌8月17日号の若手講師ランキングにおいて、ナンバーワンに選ばれる。ベンチャービジネス団体の「1万円出しても聴きたい講師」上位10名の中に選ばれる。

講　演

スピーディーな語り口、豊富な板書、パワフルなパフォーマンスの3つの技を用いて、体系的にわかりやすく真剣に訴える熱誠講演は、多くの人々に生きる勇気と希望と感動を与え続けている。
講演は、あらゆる職種・業種・年代の人々を対象に行われている。

メールアドレス　masumit@rapid.ocn.ne.jp

田中真澄・著書一覧

２００６年以降の主な著書は次のとおり（累計94冊執筆）

『人生を好転させる　情熱の人生哲学』（ぱるす出版）
『田中真澄のいきいき人生戦略』（モラロジー研究所）
『信念の偉大な力』（ぱるす出版）
『超高齢社会が突きつける　これからの時代の生き方』（ぱるす出版）
『田中真澄の実践的人間力講座』（ぱるす出版）
『やる気再生工場塾』（ぱるす出版）
『田中真澄の88話』（ぱるす出版）
『人生は今日が始まり』ポケットサイズ（ぱるす出版）
『人生の勝負は後半にあり』（ぱるす出版）
『百年以上続いている会社はどこが違うのか？』（致知出版社）
『100歳まで働く時代がやってきた』（ぱるす出版）
『小に徹して勝つ』（ぱるす出版）
『商人道に学ぶ時代がやってきた』（ぱるす出版）

ＣＤ４枚組『積極的に生きる』（ぱるす出版）
日めくりカレンダー『人生は今日が始まり』（ぱるす出版）

臨終定年――人生後半の生き方――

平成30年7月20日　初版第1刷
平成30年8月10日　第2刷発行

著　者　　田中真澄
発行者　　春日　榮
発行所　　ぱるす出版 株式会社
東京都文京区本郷2-25-14　第1ライトビル508　〒113-0033
電話 (03) 5577-6201 (代表)　FAX (03) 5577-6202
http://www.pulse-p.co.jp
E-mail　info@pulse-p.co.jp
カバーデザイン　吉延　高明

印刷・製本　株式会社平河工業社

ISBN 978-4-8276-0244-9　C0011